ERIK H. ERIKSON

生命周期完成式

THE LIFE CYCLE COMPLETED

[美] 爱利克·埃里克森——著
广梅芳——译

世界图书出版公司
北京·广州·上海·西安

图书在版编目（CIP）数据

生命周期完成式 /（美）爱利克·埃里克森著；广梅芳译. — 北京：世界图书出版有限公司北京分公司，2020.12（2022.5重印）

ISBN 978-7-5192-7847-2

Ⅰ.①生… Ⅱ.①爱… ②广… Ⅲ.①发展心理学 Ⅳ.①B844

中国版本图书馆CIP数据核字（2020）第172771号

THE LIFE CYCLE COMPLETED
By ERIK H. ERIKSON

First published as a Norton paperback 1998.

书　　名　生命周期完成式
　　　　　SHENGMING ZHOUQI WANCHENGSHI

著　　者　[美] 爱利克·埃里克森
译　　者　广梅芳
责任编辑　吴嘉琦　梁沁宁
出版发行　世界图书出版有限公司北京分公司
地　　址　北京市东城区朝内大街137号
邮　　编　100010
电　　话　010-64038355（发行）　64037380（客服）　64033507（总编室）
网　　址　http://www.wpcbj.com.cn
邮　　箱　wpcbjst@vip.163.com
销　　售　新华书店
印　　刷　三河市国英印务有限公司
开　　本　787mm × 1092mm　1/32
印　　张　5.75
字　　数　160千字
版　　次　2021年1月第1版
印　　次　2022年5月第2次印刷
版权登记　01-2013-5214
国际书号　ISBN 978-7-5192-7847-2
定　　价　48.00元

中文版序一

行到水穷处　坐看云起时

《生命周期完成式》将埃里克森的心理社会发展理论的生命任务延伸到了八十岁以后。埃里克森的心理社会发展理论一直是心理学领域里重要的议题与研究方向。人类平均寿命的延长，引发了我们对于老年人的关注。当超过八十岁的人越来越多时，他们的心理状态、生理需求及社会关系是非常值得全社会的重视的。

我在写博士论文期间，看到一篇令人印象深刻的论文，标题是“越老越有智慧”。这是英国学者哈柏在比较年轻人与老年人的心智理论能力后得到的结论。虽然后来的研究并不支持该结论，但是在我心中，“智慧”这个字眼与老年人紧密地结合在一起。在之后的临床接触中，我的确发现长者身上有一盏智慧的明灯。他们经常在平凡的言谈中迸出一丝智慧的亮光，引发人的思考。有一次我在台上面对着众多资深教授演讲，陈述人类从十八岁到九十二岁的大脑功能变化。在一片肃穆的气氛中，一位老师幽幽地说：“我再过两年就要进入你表格里的‘老年人’那一组了，真希望看到自己的身体功能越来越好啊！”在那一刻，大家似乎立刻就从旁观者的角色跳跃进入了生命乐章的某一节，心中挂念着自己在这一段落中是否能演奏出美好的乐谱。如果我们也以这样的心情阅读本书，抱着“那将是我要面对的演出”的心情，相信我们一定会有更大的收获。

本书认为生命周期的完成式——第九阶段——要面对的生命中的不和谐，是绝望与附属的议题，需要我们以超越的眼光看待自己与社会的关系。这种观点很好。我认为长者的“超越”，大致有三个方向：一是超越身体的限制，接受生理功能退化的影响，将生理的满足转换为心理的满足；二是超越自身价值，不依据社会职业肯定自己，而是以生命周期的完成肯定自己；三是超越今生的期待，将对自己的期待转换为对子女的祝福。对于长者而言，死亡是至终要面对、不可避免的事。虽然这个想法令人不愉快，但是如果长者能坦然面对，并且继续以积极的态度面对自己与家人，他们将会成功带出世代间的祝福。

书中有一段引述自爱利克·埃里克森的话：“如果缺乏在文化上可行的理想老年期，那么我们的文明就无法真正拥有完整的人生概念。”社会如何看待长者，将会影响整个社会的生命观与安全感。我曾去日本访问过老人养护机构，发现深植日本文化的观点是“老年人为国家和社会贡献了一生，他们应该得到最好的照顾”。一位经营老人养护机构的资深主管对我们说：“在有限的人力与经费下，我会尽量把生活空间、起居活动设计好，因为那就是我未来要被照顾的方式。”当她说这番话的时候，其实已经接近七十岁，而她的机构中的老年人的平均年龄高达八十二岁！台湾对于老年人的观念一直在东方的“被尊重”与西方的“被排斥”之间摆荡，我深切地希望，借由本书唤起社会对老年人的祝福与肯定。

我一直很欣赏积极心理学对老年人的祝福：我们祝福你年老的日子，愿你在这世界仍然有重要性和目标，愿你能深知，仍然有一些人需要你。

我们祝福你一生的工作，使你能从一生的工作中得到适当的尊荣。愿你对社会的贡献能被肯定和祝福。

我们祝福你的健康，使你的日子如何，力量也如何。

我们祝福你与儿女的关系，他们尊重你，他们能满足你的需要，并照顾你。

我们祝福你的工作由田园转到城门口，祝你能提供智慧和建议给下一代。

行到水穷处，坐看云起时，愿生命中的每一阶段的乐章都充满祝福！

叶在庭

辅仁大学临床心理学系副教授

中文版序二

年老是生命的酬赏还是惩罚？

老年期，是尚未被充分开发的知识领域，而八九十岁人的生活世界，更是一个神秘的领域。因为，人们总是无缘、无力，或无意愿去亲近、体验、检视和剖析生命的最后一段旅程；或是常常过度简化老年人的生命，以为六七十岁，七八十岁和八九十岁，面临的都是同样的世界，过的都是同样的生活，产生的都是同样的心境。

社会心理学家爱利克·埃里克森的妻子和学术伴侣琼·埃里克森，根据自己的陪伴、观察与亲身经历，整理出了最后一段生命历程的体验。一九九六年，在先生去世两年后、自己辞世的前一年，她及时重新修订《生命周期完成式》，将爱利克·埃里克森原先提出的生命周期的八大阶段延伸至第九阶段。琼·埃里克森认为这一阶段是明显不同的生命境界，必须通过八九十岁人的眼睛来审视和理解。

她在书中写道："我们在八十岁时才开始意识到自己'老了'，但在将近九十岁时才真正开始面对那些挑战。"以往，他们的生活从不曾被无法解决的问题所困扰，然而，在九十岁时才猛然发现自己活在一个未知的国度。琼推测，八九十岁之时，生命会面临新的需求、经历对生命事件的重新评估以及面对各种生活难题。这些问题必须以第九阶段的发展为主题，进行充分讨论，才能被更好地面对。

琼认为，生命在第九阶段首先呈现的是负向或不和谐的元素，例如不信任、羞愧、怀疑、罪恶、自卑、认同混淆、孤立、颓废和迟滞、绝望和厌恶，这些都是晚年不得不去面对的挑战，那才是生命最难熬的时光。

虽然人从出生开始就在迈向死亡，但是在生理、心理和社会条件都不断退化的情况下，如果生命已无残余能量，并且不能用足够的智力去面对晚年，那么惊恐、焦虑、愤怒与绝望就会不断侵袭我们。当生命面临的是尽头而不是希望，甚至连反刍、回味都变成奢侈的时候，我们该如何活下去？该用什么样的姿态来活？用埃里克森的话来说，这才是真正的生命危机。

要克服晚年的危机，就必须获得更多的正面能量。因此，超越时间的局限、无止境地扩展生命空间，是晚年必须发展的美德和调适之道。在琼·埃里克森看来，老年最后一个阶段必须从物质的、理性的、自我的世界，提升到一个更为宇宙的、禅学的层面，进而发展到瑞典哲学家拉斯·托姆斯丹所说的“超验”境界。托姆斯丹认为“老年超验”之道，必须削减自我中心，在孤独的生命中保持宁静、沉思；让自己超越对死亡的惧怕，而非只是无奈地接受它的必然性；重新界定时间、空间和事物的意义，从后设角度，找到一种无限宽敞、跟宇宙同在的生命新旅程。然而，在我们这些凡夫俗子的生命历程中，这是多么严峻的考验与挑战啊！

埃里克森的生命周期理论只是概括性的阶段划分，并非一刀两断的年龄界定。因此，我们可以说，琼·埃里克森所指称的人生第九阶段，并非只是八九十岁人的生命遭遇，它泛指、譬喻的是人们或短或长、迥异于先前生命的最后旅程，它几乎是每个人最终都会面对的失能、无助和依赖的生命阶段。因此，如果你关心自己或亲友的晚年时光，本书是最好的生命教材。当然，在阅读本书的时候，我们也不要忘记琼·埃里克森的叮咛：“生命周期表只有在你自己去体会，甚至最好是自己去编制时，才最有意义。”更重要的是，从本书中撷取正向的力量，让年老变成生命的最佳酬劳。

邱天助

世新大学社会心理学系教授

延长版序

这本最新版的《生命周期完成式》超越前一版之处，在于它阐述了生命周期第九阶段的要素。原始的埃里克森心理发展取向中，没有考虑这个阶段。书中的新素材着重在针对第八阶段的自传式评论，这部分内容原本是《生命周期完成式》初版的最后一个阶段。

在讨论爱利克和我所理解以及表达的第八阶段之前，我想分享一个如何延伸及发展第八阶段的故事。

二十世纪四十年代后期，我们住在加利福尼亚州，受邀在“世纪中期白宫儿童与青少年会议”发表人生发展阶段的论文——“健康人格之成长与危机”。

我们对此投入了极大的热情。爱利克从事儿童临床分析多年，他为了加入加利福尼亚州大学伯克利分校的儿童长期研究计划而住在加利福尼亚州。我当时要照顾三个小孩及管理家务。我们知道自己正亲身经历和理解人生发展的早期阶段，而且每天都在体验中年阶段的婚姻、育儿的问题和挑战。奇妙的是，一个人在如此难解、纠缠的关系的要求下，可以感知如此之多。

整个生命周期以整齐的方格和慎选的名词被呈现在一张纸上。未来的许多修正和阐述都尚未标记出来。之后这张表变宽变长，也被绘上醒目的颜色。我一直认为，生命周期表只有在你自己去体会，甚至最好是自己去编制时，才是最有意义的。

就在白宫会议前不久，爱利克受邀对洛杉矶的一群心理学家和精神病学家说明“阶段”（stages）的概念，这是一个讨论和测试这篇论文的好机会。我们原本的计划是开车到最近的车站，然后爱利克坐车去洛杉矶，而我则开车回家照顾小孩。

从伯克利山丘开车到南旧金山车站的路程相当长，我们用这段时间讨论这张表及其发表方式，同时很高兴地想起伟大的莎士比亚在写《人生的七个阶段》这首诗时，偏偏忽略了要加入游戏阶段，那是我们这个比较包容的模式中的第三阶段。多么有意思的矛盾！也许这是莎士比亚对于所有戏剧中小孩和成人角色的盲点，我们觉得很有意思。

值得一提的是，在这位杰出的诗人对于人类年龄的几个描述中，老人的前景非常黯淡：

世界是一个舞台，
所有的男男女女只是演员；
他们都有下场，也都有上场的时候。
人一生中扮演好几个角色，
他的演出可以分为七个时期。
最初是婴孩，
在保姆怀中啼哭呕吐。
然后是背着书包、
红光满面的学童，像蜗牛般拖着脚步，
不情愿地呜咽着上学。然后是情人，
像炉子一样叹着气，写了一首悲哀的诗
歌咏着他恋人的眉毛。然后是军人，
满口发着古怪的誓，胡须长得像豹子，
爱惜着名誉，动不动就要打架，
在炮口上寻求泡沫般的荣誉。然后是法官，
胖胖圆圆的肚子塞满阉鸡，
凛然的眼光，整洁的胡须，

满嘴都是格言和老生常谈；
他这样扮了他的一个角色。第六个时期变成
精瘦的、趿着拖鞋的龙钟老叟，
鼻上架着眼镜，腰边悬着钱袋；
他那年轻时候节省下来的
长袜套在他皱瘪的小腿上显得宽大异常；
他那朗朗的男子口音又变成孩子似的尖锐声调，像
吹着风笛和哨子。
终结着这段古怪的、多事的、历史的最后一场，
是孩提时代的再现，
全然的遗忘，没有牙齿，没有眼睛，没有口味，
没有一切。

——“皆大欢喜”，第二幕，第七场，139。

爱利克正在开车，生命周期表就放在我的腿上，我开始感到不安。莎士比亚有七个阶段，我们也有，但他遗漏了一个重要的阶段，我们会不会也漏掉了呢？在一个令人震惊而清晰的瞬间，我发现哪里出了错：生命周期中没有“我们”，爱利克的新书《童年与社会》里也没有“我们”。七

个阶段表从“亲密”（第六阶段）直接跳到了“老年”（第七阶段）。我们很确定要在第六和第七阶段中加一个阶段，但是当时时间很短。我们很快地加入了新的第七阶段：“生产、繁衍与颓废、迟滞”，接着是拥有智能和统筹的第八阶段：“老年”。当一个人处于自己的生命周期中时，要辨识和纵观整个生命周期是很困难的。直到我们能正确地评估，今天才会成为昨天。当每天繁忙依旧，我们能在老年期悄悄接近时辨识出它吗？我们仅能慢慢地开始学习第八阶段的一些特点。

第八阶段

白宫会议之时，我们正处于生产、繁衍的时期，我们发现自己忙于应付成长中孩子的需求、旅行和研究经费，以及许多其他追求。虽然力量有些消退，但我们继续前进，直到真的感觉老了。也许我们已经朝下坡走了一段时间，只是没有认真看待，身边的朋友也不让我们去注意这件事。

当爱利克撰写《生命周期完成式》时，他还不到九十岁。虽然我们在八十岁才开始意识到自己到了老年阶段，但我相信我们要在将近九十岁时才开始真正面对那些挑战。我们的生活从不曾被未解决的问题困扰。在九十岁时，我们发现自己在一个未知的国度醒来。即便之前有所征兆，也被我们归为诡异或滑稽而无视之，但从现在开始，我们面对的是无法避免且显然无趣的现实。

当我们处于生产、繁衍的阶段时，从不觉得路的尽头会是此时此地，仍然觉得来日方长。这种看法在我们九十岁时发生了改变，此时前景变得局限且模糊。死亡之门——我们早知道终有这么一天，但仍处之泰然——现在离我们近在咫尺。

爱利克91岁时，我们已经结婚64年。他在做了髋部手术后抽离世事，安详地隐退了。他从未沮丧或变得紊乱，仍然继续默默地观察和感谢照顾他的人。我们都应该如此，有智慧、优雅地接受老年期的到来。我现在93岁，经验的缓慢老化带来许多无法避免的并发症。我没有退休，既不安详也不优雅。事实上，我希望赶快完成这个最后阶段的延长版，以免为时已晚或者力不从心。

1982年，在《生命周期完成式》出版之后，爱利克很仔细地从封面到封底重读了这本书，并用红笔、黑笔和蓝笔巨细无遗地划线和批注。他过世前，在一次偶然的机会下，我检查了他的手稿，发现没有一页没有他的划线、惊叹号和注解。只有艺术家才能如此有气魄和坦率。

爱利克对自己的作品非常谨慎，他觉得必须在这本已出版的著作的每一页上记满评论。我发现自己正纳闷他到底想告诉我什么。这些注记是如何改变我们之前的想法，补充我们对于生命周期的理解的呢？

我重新审视和修改生命周期表的第八阶段的目的，是想澄清几个有意义且重要的差异。因为爱利克和我可以说已经“抵达”了这个阶段。我的评论是基于对爱利克理论的回顾：“我们在有生之年完成生命周期的企图，的确适当而且合理。”二十世纪四十年代初期，当我们在寻找最适合代表生命周期优缺点的名词时，选择了“智慧”（wisdom）和“统合”（integrity）作为老年期完整成熟的最后力量。我们原本考虑用“希望”（hope）一词，它对生存是必要的，其他力量也需要它。但是从婴儿期起，“希望”就是必要元素，它在一生中持续存在，并不需要时间的灌溉。我们选择了“智慧”和“统合”作为老年期力量，此时我们面临的挑战是要证明它们。

“智慧”和“统合”都是掷地有声的字眼，它们被人格化，被铸在铜器、刻在木石之上。当一个人想到这些美德和力量时，很容易就想到那些被造出来赋予这些特质的雕像，如凝望天空的自由女神，手擎火炬；正义之神，眼神坚定，手握天平；以及无所不在的代表信仰、希望和慈悲的雕像。我们用石头、石膏、金属把它们比拟成实物，静默地颂赞它们，尊崇它们。

我相信老年人和“智慧”及“统合”的关系是全然倾

斜的，除非我们从一开始就理解这些特质的力量。但这些美德变得太崇高，而且难以定义，我们必须将它们拉回现实，必须找出它们的真正意义。比如说，智慧并非意味着大量的真知灼见、事实和公式。一本大学出版的辞典对“智慧”的定义也不适当：明智的本质或状况；具备真实和正确的知识，配合良好的判断；学术知识或者学习；明智的话语或者教育。

我们必须深究“智慧”和“统合”的字源。《牛津英文辞典》中理性地归结了这两个词的意思，提供其古老而真实的世俗联结。在细小的印刷字体后面，是“智慧”一词的核心。其词根是“Veda”，意为“去看，去知道”。

“Veda”这个词根将我们带回古印度梵文圣典的神话及神秘信息中，我们将其统称为“吠陀”（Vedas），代表对意象的理解和对智慧的终极追求。

我们一直把“看见”这个美好的礼物视为理所当然，除非或直到它不再如我们期待或希望地继续为我们服务。我们可以回首漫长的过去，帮助我们理解自己的生命和这个世界。我们向前看，这么做也许仅出于一厢情愿或做着希望的梦，但是若没有对未来的期望，一切都会枯燥乏味，而且充满忧虑。当今美国文化却用一个低俗的句子代表智慧的意义，人们轻松地说："我看到了。我知道了。我理解了。"由此表现出了无知。但是人们却高度推崇和欣赏"启示""辨识""洞察"，这些词汇都和看见以及眼光高度有关。

对于有幸能看见的人来说，要去思考看不见的生活是很痛苦的，也可以说人们是在逃避这种假设。看不见的人，也许听觉、嗅觉、味觉和触觉高度发达，有谁知道他们的生活因为其他感官的发达而多么丰富呢？或许他们认为我们过度仰赖视力，以至于其他许多能力都被剥夺了。

敏锐的视觉指引方向，使我们能够与赖以生存和行动的地球联结，能够寻找食物，能够学习如何与他人、动物和自然相处。因此眼睛必须睁开且保持警戒，耳朵也必须接收讯号，及理解其意义。

为了愉悦回应"智慧"一词的词根意义，我做了进一步探索。几千年前苏美文字的"耳朵"和"智慧"是同一个词（enki），因为苏美人的智慧之神就以它为名。"天上的女神打开（调整）她的耳朵、智慧的接收器，倾听大地。”[①]如果智慧可以通过声音和光线传递，那么唱歌、节奏动作与舞蹈都是其传递者和发扬者。声音具有力量，可以舒缓、启发、传递和激励我们。它挑战人们的潜能，而人们依赖感官知觉以发展智慧。

现在我们知道智慧属于现实世界，我们的感官知觉带领我们接通智慧。如同所有动物的天赋能力，我们的知觉使我们通过光线和声音而知事，因为气味、味道和触摸，得以丰富和支持生命。这些无价资源不一定会随着时间而演进其功能，但是机敏的心灵却能明智地收藏这些信息，以备不时之需。智慧所扮演的角色也在于指导人们如何将心力投注于视觉和听觉信息，并将能力用于那些与个体和社会的生存息息相关、相辅相成的事物之上。

我们标示出老年人的第二个贡献“统合”，它如同“智慧”一般伟大崇高，但是人们对其了解更少。为避免其被理解为象征一个人不朽的、被纪念的崇高地位，而被人混淆了它真正的意义，我们再一次查阅《牛津英文辞典》中它最简单的意义。

---

① 《伊南娜，天上与地下之神》。

很长一段文字都在解释“统合”这个词，令人惊讶的是，最后我发现其词根是“老练、机智”（tact）。根据这个元素，我们衍生出“联结”（contact）、“完好”（intact）、“触觉的”（tactile）、“可触知的”（tangible）、“附加”（tack），甚至“触摸”（touch）。人们借着身体和感官知觉去建构体系与塑造材料，并回应来自地球和上天充满力量与智慧的信息或暗示。事实上我们与每个人一起生活、行动，分享这个地球。没有联结就没有成长，实际上，没有联结就无法生存。独立本身就是一个谬论。

这样去理解“统合”，可以使那些静默不动的雕像鲜活起来。如果我们以为“统合”只是一个高贵的理想，应该被用在标语上，被高举到一个适当位置，那我们就对它太不公平了。“统合”具有接触世界、接触事物，最重要的是接触他人的功能。它是一种有触觉而且可触及的生活方式，而非无法触及且高高在上的目标。当我们说“这个人的作品具有统合性”，我们在赋予其最高评价，因为这作品显示出把所有部分结合在一起的能力。它是稳定和可信赖的，而不是飘忽不定的。这是在确认视力、声音和涉及所有感知的技巧。

“统合”是一个相当有挑战性的字眼。它无须深思熟虑或费心表现，只需要管理每天的大小活动，持续关注可以好好过日子的必要细节。就是这么简单，这么直接，也这么困难。

现在我们更全面地理解了“统合”的含义，那么它为生命周期的第八阶段提供了什么呢？首先，它曾是一项高高在上的美德，现在则是与人们日常生活紧密相连的元素。它延伸我们的存在以便与周遭的真实世界接触：以光线、声音、气味与所有生命接触。每一个人，每一件事，都紧密相关，甚于以往。每一次相遇都具有特殊及丰富的意义，或出人意料的有益观点。

当我思考着这些修正，更多是关于“统合”和“智慧”这两个字眼的古老意义，我觉得释怀，并从一生皆在批评行为或立场的沉重、空洞责任中解脱。接受这些对于老年的全新解释，是为过去开展出一个明亮、耀眼、令人振奋的未来。爱、奉献与友谊兴盛焕发；悲伤是温柔与丰富的；关系的美好令人深感温暖。回首过往是如此动人难忘，而当下是自然而充满小小快乐的，让人沉浸在愉悦及笑声中。

对老年人而言，“智慧”和“统合”刚开始就像一个沉重的挑战。同样的字眼，在被清楚地理解了之后，恢复了适当的意义。它所需要的是活力与觉察，在所有关系中，同时需要圆融与眼光。每个人必须参与适应的过程。无论我们多么机智与智慧，都要淡定而幽默地接受自己的无能为力。我们总是把年轻时的能力视为理所当然，而且尽情享受。此刻让我们以圆融及欣赏的心态为这些执行者喝彩。拥有聆听和看见的能力，是我们的殊荣，继续观看和聆听吧。

老年期需要储存和仰赖所有过去的经验，以全新的优雅维持觉察和创造力。常有人说许多老年人不屈不挠，爱利克称之为“不变的核心”“存在的认同”，那是一种对过去、现在及未来的统合。它使个体超越，也强调跨世代联结。它对人类现状的接受一视同仁。然而人类的部分现状是缺乏对自己和地球的智慧。我们必须觉察到自己知道的有多么少。也许我们可以有智慧地“变成小孩子的样子”，愿意去生活、爱、开放地学习。这代表什么？生命如此丰富，像一个相信一切的小孩一样，更相信一些。放松，试着不去关注自己，只是专心游戏。不论何时，只要有玩伴，就尽情地玩，让它伴随欢笑带你到那个多年未曾去过的地方！

因此，我们认为“智慧”和“统合”是活跃的，是一生的发展过程，也是所有生命发展阶段中的力量。它们肯定会不断前进。我们敢于希望它们具有感染力、没有终点、甚至永存下去吗？

琼·埃里克森

初版序

这本专著乃是根据美国国家精神卫生研究院请我为《生命过程：精神分析对于理解人格发展之贡献》写的一篇论文。两位编辑葛林斯班和波拉克邀请我写了这套书的第二篇导论，而第一篇是安娜·弗洛伊德所写，她写了言简意赅的十页——相对于我的五十页。她的题目是《儿童分析之于心理成长研究（正常与非正常）》，并以维也纳、柏林和伦敦的儿童分析工作为开端。其中有专门的一部分内容总结发展轴线的功能，那是安娜·弗洛伊德和汉姆斯德诊所的工作人员一起设计的理论架构。这些“轴线”由婴儿期的未成熟，导向一般成人被期待的可信任（但有攻击性）行为范畴。比如：“从性欲依赖到自我信任”“从自我中心到同关系”“从游戏到工作”。作为一个概念，这个发展架构当然是基于精神分析的两大基础理论：性心理发展和自我。

我的贡献是试图勾勒出心理社会发展的精神分析理论“元素”。我也一样，首先谈到对于精神分析当时被称作

“外在世界”的想法，那回溯了我在维也纳接受精神分析培训的最后那段日子，以及我在美国工作的前几年。在强调性心理取向和心理社会取向的互补性，以及其与自我概念之间的关系之后，我接着审视了生命周期的相关阶段。

用这么长的篇幅去重申我一生精进之理论思考，而且是在充斥着庞大数据的背景环境下，对作者和读者来说，都是吃力不讨好的事情。但是事实上，当国家精神卫生研究院邀请我撰文时，就强调要提供历史背景，这对我是一个有意义的事业：精神分析理论的延伸发展，就是源于这样的国家和这样的时代——二十世纪三四十年代——面对着日益紊乱的世界，此时精神分析受邀进入医学中心，同时进入密集的跨领域讨论。后来这些讨论成为琼·埃里克森和我写的论文《健康人格之成长与危机》的基础，这篇论文被发表在“世纪中白宫儿童与青少年会议”里。

所以我决定重新出版我原先为国家精神卫生研究院所写的论文，而且在任何必要的地方作了延伸。其中有一个重要的改变：在重新检视人生阶段时，我改变了呈现的顺序。在国家精神卫生研究院的专章中介绍心理社会阶段时，我选择从成年期开始，而不是儿童期，我的想法是：一旦开始研究各阶段的交织关系后，应该能够从任何一个阶段开始，而且有意义地联结到其他阶段。毕竟，成年期就是个体生命周期以及世代周期的联结。在这篇文章中，我则更进一步从最后一个阶段——老年期开始谈起，看看从结局回顾完整生命周期会有什么样的意义。

无论我们从何处开始，在心理社会理论化时，生命阶段所扮演的中心角色是引导我们更深入地理解历史的相对性。回顾二十世纪的最后几十年，我们可以很清楚地看到“老年”是最近几年才“被发现”的，当我们发现越来越多的老人（他们自己也发现了）所代表的不是少数精英长者，而是一大群年老的人时，便需要重新定义老年。在这之前，我们理解了成年期本身是发展和冲突的阶段，而不是所有发展的成熟结局。在这之前（就在二十世纪六十年代，国家认同危机大量地反映在一些年轻人的公众行为上），我们才认识到要全心专注于青少年的认同危机，视其为生命周期的发展动力之核心。如同我们所指出的那样，在二十世纪所发现的儿童“健康人格”和婴儿期的所有阶段，直到二十世纪中期，才在全国范围内得到系统性的关注。

在阅读这篇短文时，读者——在其人生历史时空中——

可能会希望检视自己在一生中“完成”的生命周期。希望这个书名听起来够讽刺，而不至于被当成在承诺对完美人生做总括性的记述。在此我只想确认一个事实，如果我们说生命是一个周期，那么这已经意味着一些自我完成。但是一个人要怎么在有限的时间内详细说明一切？当然，这仰赖的是他所处领域的理论阶段，以及生命不同阶段对我们自己和其他人的重要性。今天，我们的一些用语和概念是否全部有时效性或者说有年龄限制？如果改变是因为时代改变而起，我们的用语是否能够保持其原本意义，继续提供给人们意义呢？

我只能在此重申这些“浮现”在我们心中的用语，它们暗示其复杂性，但相当有条理；然而这样的复杂性总是被误解。当我在此再次声明时，总免不了会引发读者怀疑他们“在哪里”看过这些冗长的文字。他们很可能的确看过。对我而言，在此去重复那些已经明确阐明的内容似乎是无意义的。

我的感谢也必须跨越几十年。要表明我从同事身上所学到的，最好的方式是列出我有幸参与工作过、并曾经在其中进行精神分析和参与医学院运作的机构。二十世纪三十年代，我附属于哈佛心理诊所和耶鲁人类发展研究所；四十年代，我在加州大学伯克利分校人类发展研究所做指导研究；五十年代，我在奥斯汀·瑞兹中心工作。每一段经历对我都有不同的启发，而参与针对不同年龄层的人的临床和发展研究，更让我难忘。六十年代，我终于在哈佛大学拥有了自己的大学课程“人类生命周期”，有机会和一大群反应迅速并对生命和历史有强烈兴趣的学生们分享“发展”这个概念。

在本文中，我也将列出几位这些年来特别支持我的人。不过，只是在此列名（以及其他没有提到名字者），根本不足以还其“公道”。[①]

如同我的每一篇序，我都会以感谢琼·埃里克森作结。我们共同（如前述）撰写世纪白宫会议论文。很显然，因为她的“编辑”与指导，我的文章才能够被看懂，生命周期的整个图像才得以在此跃动。

爱利克·埃里克森

① 这篇文章由莫里斯·福尔克医疗基金提供部分研究资金。

目　录

第一章

导论："外在世界"的历史纪录

在精神分析的脉络中，“心理社会”这个名词和概念，明显是用来补充“性心理发展”这一中心理论的。要厘清这一切的来龙去脉，必须回溯到我在维也纳接受训练的时期——亦即“自我心理学”当家做主的时代——并简短地追溯一些对于自我和社会环境关系的概念沿革。是的，当时只有两个针对自我的基础研究：安娜·弗洛伊德的《自我与防御机制》以及哈特曼的《自我心理学和适应问题》，这两个研究分别出现在1936年和1939年。直到1933年，在我完成培训并移民去美国之前，大多数关于自我的讨论都是以这两个研究所依据的学术观察和结论为基础的。同时，自我的防御和适应功能成为精神分析的核心理论。我之所以要从理论的源头谈起，是想说明作为一名年轻的研究者的我，在关注自我在个体与群体关系中所扮演的角色时，发现了这整个理论如何努力想要得到却仍缺乏系统性的关注。

回忆当时最有意思且最能代表整个领域进展的，就是隐藏在安娜·弗洛伊德和哈特曼之间的新概念的理论争辩。安娜·弗洛伊德直截了当地表示：当她于1936年首次正式向维也纳学会提出有关自我防御机制的结论时，“哈特曼表示他欣赏整个理论，但他强调自我与本我的战争并非全貌，同时需要考虑许多有关自我成长以及自我功能的问题。当时我的观点比较局限，这样的想法对我来说太新，一时之间没有办法消化、理解。”她继续谈到，她的研究贡献在于“自我防御机制对抗驱力这方面，而哈特曼则是从一个较为革命性的新角度，谈到当时分析研究范围以外的自我自主性问题”。

“分析研究范围以外”，以及“革命性”这几个字，点出在精神分析理论不同的发展时期中，都曾提及自我选择界限的问题。为了理解这个问题，我们必须思考在精神分析理论中，每一个发展以及每一个相对用语的概念和其在科学上的应用，实际上应该包含所有应用于人类的自然科学理论。弗洛伊德的原始见解当然着重驱力导向。对于我那个时代的人来说，在中欧接受训练的男女，都会记得这个最为根本的用语——“Trieb”。在德文的用法中，它有许多自然哲学的含义，例如升华以及颠覆的力量，但这些意义在它被翻译为“本能”或者“驱力”时丧失掉了（这有好有坏）。“Die suessen Triebe”即“甜美驱力”，德国诗人会说：“严格的生物学家认为所有的研究必须不负科学之名，寻找‘平等尊严的规律’——平等对待那些在自然科学中已经被孤立和被量化者。”弗洛伊德坚持认为“我们现在对于心理学的暂时概念，总有一天会得到生物结构的证实”，但他也清楚地表示愿意等待一个真实、可信赖的实验机制，能够囊括所有，甚至包括神秘的本能力量。所以我们知道他反对赖克的“物质主义”，他企图从身体外在寻找驱力的可测量痕迹。

弗洛伊德的研究始于达尔文发表物种起源之演化的时代，而新人本主义让原本自豪于所谓成熟文明意识和道德发展的人类，被迫接受自己其实根源于动物祖先，起源于原始的上古时代，甚至是起源于自己生命初始的婴儿阶段。无论如何，这些背景一度暗示着：多年来，本能力量传达的只是某种仪式上的信念，而刻意不去追求严格的科学证据。然而，此时这些信念却开展了梦想不到——或者梦寐以求——的洞察。为什么要在此提到弗洛伊德，是因为（最近所公开的弗洛伊德与荣格的往来书信，仍然描写得非常具有戏剧性）他认为首要在于谨慎研究人类无意识和本能的核心部分，即他所称的“本我”，并且要小心防范人类对于探讨自己较为“低等”本质的顽强抵抗，或者借着将其神化为“高等”存在，而剥夺关于该本质的洞见。这么一来，社会本质以及待探讨的内在部分，在一开始就被界定为“治外法权领域”，甚至往往被定义为“外在世界”或者“外在存在”。因此，我们骄傲的自我，即弗洛伊德称为“先端生物”者，效命于三个主宰，同时受到三个威胁：外在世界、本我的力比多，以及超我。

弗洛伊德首次讨论自我和群体生命的关系时，谈到他那个时代的社会学家（例如勒庞、麦克道格尔）描述的是“人工”群体组成——群众、民众、单纯的集体，或是弗洛伊德所称的“初始”和“原始”群体。他在意的是“成熟的个体进入人类集体，获得群体的心理特质”。他预言性地思考这些群体“允许人们丢掉无意识冲动的压抑”。当时，弗洛伊德并没有谈到最基本的问题，例如个体如何能够得到他在“原始群体以外拥有的”，亦即“自己的连续性、自我意识、传统、习惯、特别的功能以及定位”。弗洛伊德分析“人工”群体（如教会或军队）最主要的目的，在于呈现这些群体是因为“爱的本能”而凝聚，是从他们建立社会依附的生物目的转化而来，“但是他们并不会因此以较少能量运作”。这最后的假设引起我们探讨心理社会发展背景的兴趣：什么样的法则可以让“爱被转化……从性到社会目的”，并且在转化过程中没有能量的削减。

安娜·弗洛伊德在针对自我防御机制的摘要中，再一次把普遍被认定存在的社会力量归类为“外在世界”：“当自我的防御机制启动，抑制焦虑的发展，转化本能，即便在困难的状况下，仍能确保某种程度的满意，从而建立本我、超我与外在力量之间最和谐的关系，此时自我即得到胜利。”在她之后的文章中，对于发展轴线的建构延续了这样的趋势：“每一个例子……追溯孩童从依赖的、非理性的、本我决定的及客体决定的态度，逐渐成长为自己内在和外在世界的自我主宰。”然而，当被问到有什么会单独影响发展时，安娜·弗洛伊德建议：“我们必须寻找突发的环境影响。从对较年长儿童的分析和成人分析的再建构中，我们发现这些影响力量存在于家长的人格、行为和概念，以及家庭气氛与整体文化的影响中。”问题在于，这些环境因素到底有多少是属于“突发”的。

反之，哈特曼全力主张人类的自我绝对不只在进化上对抗本我，而且有其独立的发展根源。事实上，他将运动性、知觉、记忆等经典的人类心智运作称为“初级自主性之自我组织”。他的结论也指出这些发展出来的能力，可以适应地被称为“一般可预期的环境”。正如拉帕波尔所说的：“他的这些概念为精神分析概念和适应理论建立了基础，也为精神分析中的自我心理学整理、归纳出了第一个关于现实关系的理论。”但是拉帕波尔也补充说，他“并没有提出一个特别分化性的心理社会学理论”。事实上，一个“一般可预期的环境”似乎只描绘了最低限度的状况，仅止于存活，而忽略了社会生活中大量的变异性和复杂性，以及戏剧性的冲突，而这些正是个体和群体活力的源泉。事实上，在这个领域的发展中，在划清每个定义是在哪一个时间点出现时，最简单的例子就是看哈特曼的文章中持续使用的下列名词，像是“关于现实之行为”“相应于现实之行动”“于外在世界的行为”。精神分析理论这种机械性和物理性的用语，以及对于“外在世界”执拗的引用方式，在我接受训练的早期非常困扰我，尤其是临床课程的整体氛围（安娜·弗洛伊德的“初级课程”）。当时我已经对社会和内在问题产生兴趣，但被“唯精神分析训练马首是瞻”的精神所鼓舞。弗洛伊德有一次在写给罗曼·罗兰的信件中提到，“我们天生的内在本能和周遭世界都如其存在，我不得不认为爱和科技对于人类生存同等重要”。而我们这些学生在临床讨论中，实际经验到了现代意义之博爱（caritas）：理论上来说，人类皆平等地面对同样的冲突，即便是精神分析师也可能避免不了（且极为本能地）将这些冲突从自己的生活中转移到既定的治疗环境中。而精神分析的“技巧”，便是需要精神分析师去洞察这些冲突。

不管怎样，这些我在学生时代所理解的概念和用语在今天被我用来去定义一个新的共同精神核心。这些广泛而密集的个案发表和讨论，都与理论架构的传统用语南辕北辙。临床和理论语言用两种不同的方式解释人类动机，但在我们的受训经验中，两者又被证明是互补的。

此外，我们在治疗成人的过程中，去引导并建构一些具有确定性和关键性的童年阶段，并对人生阶段研究的早期模式提出假设，证明了直接的精神分析和治疗对儿童也有效。讨论这种个案时，精神分析的发展理论最为显而易见，因为儿童的明显病征验证了精神分析对病志的假设，他们大多数时候把大人对他们的期盼直接表现在游戏和沟通上。儿童伴随着本身的激烈冲突，宣泄出他们对于经验和统合充满智慧和启发性的努力。精神分析师在研习课程中讨论儿童病人时，分享他们深度参与之“进步教育”，此时科学理论所用的简约语言已经退居幕后，而幕前正生动而巨细无遗地描绘着病人和特定人物之间的互动。在此，个体和群体（例如家族）互动的自然环境观点，成为未来的研究对象，而非个体内在驱力和防御之间的“经济角力”观点。两位顶尖的年轻学者西格弗里德·伯恩菲尔德和奥古斯特·艾伦霍恩的研究就证明了这一点。我认识前者，因为他当时是一位伟大的访问学者；后者则是对少年罪犯最具同理心和最实在的评论人。

现在，毋庸置疑，我们当时受到的训练在理论上和临床上采取了不同的基本取向，如同十九世纪着重能量间的经济平衡，二十世纪则注重互补和相对性。我在还没弄清楚自己在做什么的情况下，将我第一本书的第一章命名为“个案历史的相关性和相对性”。不论我当时怎么说以及如何模拟两者，现在我认为精神分析的基本临床取向，是认识对多重相对性的经验。希望我在这篇文章中能阐明这一点。

但是我在维也纳时的训练环境中还存在第三个元素，我没有办法将其归类于临床或者理论取向。我指的是愿意对形式和意义的丰富交互作用给予开放的、格局方面的关注（我只能从美学角度这么称呼）。其中甚者，就是弗洛伊德的《梦的解析》。借此，我可以简单地解释观察到的儿童游戏行为，关注这些行为在拒绝和扭曲什么，以及他们如此巧妙的（通常是幽默的）明显表现。没有这些，这些仪式化的行为模式便无法被理解；没有这些，对于当时接受视觉训练多过语言沟通训练的我而言，就无法找到一个“自然通道”去接触这些庞大数据。（无论如何，我在维也纳的第一篇精神分析论文是有关儿童绘本的，在美国的第一篇论文则是《游戏构成》）。我重申这些，是因为这些元素仍然是精神分析的艺术与科学基础，并不能被实验和统计调查所需要的“证据”基础所取代，虽然它们本身可能具有联想性和满足性。

我谈论的那个时代是一个历史性高峰，当我们学习观察内在世界的种种揭示时，世界将经历一场浩劫。“内在世界”和“外在世界”概念的分割，在深层上代表着根基于犹太–基督教文明的个体启蒙和种族主义的极权崇拜之间的分裂。这个事实威胁到这里谈到的许多研究，然而，它们当时的努力却固执地加倍，对治愈和启发的要求与日无减，时至今日更甚。

同时，在大西洋的这一边，像我这样年轻的精神分析师，谨慎而确切地发现：为发展维也纳自我心理学而准备的社会调查，在这里可以马上延续并发扬。我们迫切地整合跨领域研究，分享新兴的精神分析机构以及新“学派”的创新精神。哈佛大学良好的医学环境使得精神医学与社会工作相结合，并且在那里蓬勃发展。亨利·默里当时正研究着生命历史，而不是个案历史。还有许多跨领域的交流（受到劳伦斯·弗兰克、玛格丽特·米德以及其他人的广泛影响），医学和社会研究之间的大门敞开，思想的交流使得领域之间的互补之处很快显现。就在《自我与防御机制》出现在维也纳的同一年，我非常荣幸地能和人类学家斯卡德·麦基尔一同访问位于南达科他州松岭的印第安人苏族保护区，目的是观察并且证明一个精神分析或者说心理社会的理论。在我们与美洲印第安人初次对话时，最让我们惊讶的是他们从远古时代流传下来的育儿方法，其背后的理论和精神分析所考虑的依据竟是如此相关。我们很快得出结论：这些部族的训练方式，是通过婴儿早期的身体经验，将族群经验（我们称之为族群特质）传递到自我形成之初。

在比较了这个大平原上狩猎族群的古老育儿系统与加利

福尼亚州的一个渔猎族群之后，我开始将眼光放在斯皮茨所称的儿童对于发展的准备上，以及群体对于抚育儿童所准备的模式之间的"对话"上，即"物种特异性适应的资源和来源"。我们也认识到儿童训练方式的重要性，不只关乎个体生命阶段的内在平衡，而且在于整个群体在面对科技和历史变迁时，所必须维持的生态学平衡。

这个发现并不值得欣慰，是激励了我们：那些我们在第二次世界大战中所经历的，起码能让我们在未来可能通过新的政治心理学，净化最文明和最先进人类族群中那些最具破坏性的倾向。

我只希望这篇文章能够澄清心理社会理论的演进背景，特别是起源，及其对于整体精神分析理论的意义。我将从前性器期的功能谈起，它提供力比多能量，影响个体生命周期的健康以及生态平衡，也影响世代循环。前性器期是否只为了前性器期而存在，而自我统合是否只为了个体而存在？

后面的探讨，将基于我著作中大量而多元的临床和"应用"观察及经验。如同前面所指出的，这一次我不再只说故事，因为它们都已经被说过了。我在这里必须在多处提供解释，甚至引用我自己的话。

同时，我可能没有办法在探讨这些结论，以及在提到这几十年来其他学者类似或者相反的看法时，不去主张我的精神分析学派之心理社会学观点。国家精神卫生研究院邀请我写这本书时，请我务必要这么做。

第二章

性心理发展和世代周期

渐成说和前性器期

“性心理”和“心理社会”这些结合词，很显然是要打开两个领域的界限，让在方法学和思想上各不相同的两个领域能够达成双向交流。但是只靠一个连字符号，很难克服人类总是会犯的错误，即不知道用什么既有技术才能真正探讨事情的本质。幸运的是，在疗愈的过程中我们总是采取整体性的态度，并不和既有事实争辩，更重要的是试图将这些事实纳入一个更广的具有启发性的脉络之中。基于个案历史和生活历史的经验，我只能从以下的假设开始，那就是每一个人类个体的存在，时时刻刻都需要内在组织中三个相辅相成的过程。这三者顺序不拘，其一是器官系统组织分层的生物过程，以构成身体（躯体）；其二是自我统合组织个体经验的心理过程（心灵）；其三是个体与文化组织互相依存的群体过程（社会的精神风气）。

在研究之初，因为这些过程有自己的观察方式，所以必须分而论之，研究哪些是自然的、人类的必须要素。但是最终必须综合三个角度去理解所有的人类事件。

在临床工作中，我们面对的这些过程多半以惊人的方式顺其天性发展，彼此阻碍或者孤立，产生不同领域的研究课题，如身体压力、个体焦虑和社会恐慌。临床工作之所以如此具有启发性，就是因为其定律在于：在通过一个过程去探究人类行为时，一定会发现它牵涉另外一个过程；在某一个过程中被证明有关联的项目，也会为另外一个过程的项目赋予意义。比如，弗洛伊德在他的时代针对神经症做的临床研究，和当时的主流科学概念有所相关，一个人也可以找到人类动机的全新解释，亦即认为强而有力的性能量（生本能）被人类意识拒绝，被主流道德压抑，以及被科学忽略。在弗洛伊德的时代，巨大的文化禁忌加重了对性欲的严重压抑，这先是赋予性能量理论一声响钟，接下来则是对其热烈的解放。所有详尽的个案历史、人生历史，或者历史事件，都会引导我们思考这个假设性的力量和其他过程所赋予（或者剥夺）的力量之间的互动。不管是在弗洛伊德自己的解梦报告还是个案片段中，都有证据显示他的生态学考虑。

我们的研究中已经证明有机体原则对于性心理发展和心理社会发展的身体背景来说是不可或缺的，而此原则便是渐成说，这个名词借自胚胎学。不论这个学说今日地位如何，它早年在帮助我们理解与器官成长有关的人类内在主宰体系时都功不可没。

当弗洛伊德发现婴儿存在性欲时，当时的性学就如同中世纪的胚胎学。胚胎学认为在某个时间点，有一个完整的“胎儿”存在于男性精子内，准备要进入女性子宫，由此成长而生命开始。在弗洛伊德之前的性学认为性欲开始和发展于青春期，并不是在婴儿期。然而，胚胎学最终开始理解渐成说的理论，亦即胚胎里的内脏是逐步成长的，如同精神分析学发现性欲的前性器期。那这两种发展又有什么关系呢？

当我引用胚胎学的内脏系统的渐成说，是希望读者可以“听出”所有成长和发展遵循类似模式的可能性。在发展的渐成顺序中，所有内脏都有其源起的时间——这一点如同起始位置一样重要。斯托卡德以眼睛为例，如果眼睛没有在预定的时间形成，“它将永远无法完全发展，因为其他部分快速成长的时刻已经到来”。就算在对的时间开始发展，还有一个时机因素会决定最关键的发展时刻：“每一个脏器必须在发展初期被干扰，才能被完全控制或者大略修正”。如果一个脏器错过这个被干扰的时期，它不仅会变成一个单独的存在，而且会危害整个脏器系统。“不只会停止快速生长，而且会暂时压抑发展，但过早失去相对于其他脏器的优势，使得那些被压抑的部分永远不可能再恢复优势，而永远定型了。”然而一般人的成长，所有脏器的大小和功能都有适当的平衡：肝会配合胃和肠的大小；心脏和肺会达到平衡；血液系统会配合整个身体调整负荷量。

胚胎学也是借着一些发展上的意外导致的“过大怪兽”和“缺陷怪兽”，才更能理解正常的发展状态，就像弗洛伊德通过观察扭曲的前性器期导致的“过度”性倒错和“障碍”性压抑等症状，才发现一般正常婴儿的前性器期法则。

人出生之后，日益成熟的脏器持续发展，依照既有计划成长，并依既定顺序发展生理、认知、社会能力——这些在儿童发展的相关文献中都有所描述。

对我们来说，最重要的是理解在一系列重要的成长经验中，当一个健康的儿童受到适当的引导，相信他会遵循发展的渐成说理论，开始建立越来越多与他人进行重要交流的能力，并开始被道德规范约束。虽然不同的文化有不同的交流方式，但所有的文化必须都确保儿童获得“适当的速度”和“适当的顺序”，这如同哈特曼谈到的“一般可预期”，亦即无论人格和文化模式有多大差异，对全人类来说都是必须而且可以控制的。

渐成说绝对不只是一种接替顺序。它也决定各个部分在成长过程中的互相影响法则，如同以下图表解释的公式。

表1 公式化的发展过程

	第1部分	第2部分	第3部分
阶段Ⅲ	$1_{Ⅲ}$	$2_{Ⅲ}$	$3_{Ⅲ}$
阶段Ⅱ	$1_{Ⅱ}$	$2_{Ⅱ}$	$3_{Ⅱ}$
阶段Ⅰ	$1_{Ⅰ}$	$2_{Ⅰ}$	$3_{Ⅰ}$

粗黑框格子强调阶段的顺序（Ⅰ、Ⅱ、Ⅲ），以及所组成部分的发展（1、2、3）。换言之，此表将不同部分随着时间分化的发展过程公式化。例如，每一个部分在明确关键性的时间点（$2_{Ⅱ}$）之前，是以别的形式存在，而且和其他的部分（1和3）都保持关系。所以整体系统的和谐，在于每个项目都以适当的顺序得以适当的发展。每个部分在其主导阶段时，必须找到持久的解决办法，并且在继起的部分主导时（$3_{Ⅲ}$）能继续发展（$2_{Ⅲ}$），最重要的是让整个发展过程能够统合（$1_{Ⅲ}$、$2_{Ⅲ}$、$3_{Ⅲ}$）。现在，让我们看看这个系统架构对

于前性器期和之后的心理社会发展有什么样的含义。

在精神分析文献中处处可见前性器期这个概念，因此这里只总结其对于精神分析理论发展基础最重要的部分。儿童的性欲经验被称为前性器期，因为性欲在青春期才进入生殖器官主导阶段。在儿童期，性的发展经过三个阶段，每一阶段都标志着身体某个部分的强烈力比多化，因此这些阶段通常被称之为“口腔期”“肛门期”“性器期”。这些阶段强烈的力比多天赋对人类性欲盛衰的深远影响已经被充分强调。例如，前性器期各种不同形式的愉悦（这些实际上仍然属于“前期愉悦”）；如果某一阶段的要求不减，就会干扰性器官主导阶段，导致继续性反常；不适当地压抑性器官的强烈需求，会导致神经症后果。很明显，这三个阶段也是渐成性地互相联结，肛门动欲带（2_{I}）在口腔期（Ⅰ）就存在，经历肛门期（2_{II}）的常性危机之后，在性器期（Ⅲ）成为主导。

即便如此，问题依然存在：前性器期作为人类漫长儿童期的重要组成部分，只能借着性欲的存在和发展得到意义吗？

从心理生物的角度来说，这些“性感带”和力比多阶段，对于一些生存必需的其他发展而言，也意义重大。首先，最基本的事实在于它们提供人类维持生命的必要功能：摄取食物和排除废物，以及——经过性潜伏期后——延续物种的生殖行为。此外，性欲化的顺序从本质上讲与其他脏器系统的发展有关。

让我们用人类手的功能来思考：它是自慰经验和升华之间的媒介。手臂，伴随其防御性和侵略性，是“安排”双手担任操控性兴奋的敏感传递者，同时也是许多复杂运动的执行者。例如人类特有的眼手协调运动，这对于游戏阶段特别重要。我们称此心理社会冲突为主动与罪恶感：罪恶感会抵抗习惯性的自慰以及伴随的幻想，而主动性会开启各种升华的途径，如复杂的游戏和基本的运动及沟通模式。首先，我们必须在各方面将性感带与各阶段联结到所有发展的知觉、肌肉、运动等器官系统，然后称之为：

1. 口腔—呼吸和知觉阶段

2. 肛门—排尿和肌肉阶段

3. 婴儿—性器官和运动阶段

这些阶段和其中的组成部分，必须能够遵循上文的表1中的渐成顺序排列。同时，读者也可以在下文的表2里的A项目中找到这些阶段，该表列出了本文所提到的相关主题。

我们现在面对的问题是：这些脏器系统如何“得到”心

理社会上的意义？我们必须先记住这些阶段对于人类漫长的儿童期（各自有其天生差异之处）及人类社群架构（各有其文化差异）来说，是一种进化性发展，必须有一内在潜能来帮助它们互相合作。从理论上来说，社群组织被期待能够协助器官系统发展，但同时必须赋予（针对整个儿童期）每个部分不同的功能，以支持文化意义、社群风格及主流的世界观，但也可能造成非生态的冲突。

当探讨社群如何应对性欲经验和前性器期每个阶段的表达方式时，我们遇到了解析上的历史性两难。精神分析在临床观察中发现前性器期，并指出“社会”在本质上对于婴儿性欲深具敌意，因而或多或少对其严厉压抑，结果有时导致全人类的抑制。这种可能性的抑制在维多利亚时代更甚，导致神经症的罹患高峰，如歇斯底里症和强迫性神经症。虽然精神医学和精神分析可以、也必须在每个时代的流行病趋势中，找出其所反映的这些人类天性中的“新”层面，但它们的解释必须考虑到我们之后会提到的历史相对性。不加诸儿童过多道德训练的时代，在某种程度上的确会允许他们在游戏中直接展现婴儿期性趋向。而所有社会，在理论上必须为成人和儿童间的大量互动赋予特别的“对话”模式，借此为儿童早期身体经验提供深邃而持久的文化意义。在儿童准备好依附和互动时，担任拥有母性和父性的角色者，以及其他的养护者需要进入儿童的世界。儿童会在这些成人身上唤起相对应的互动模式，这对于社会和个体整合具有长远意义。

表2　生命阶段表

项目/阶段	A：性心理阶段和模式	B：心理社会危机	C：特殊关系范围	D：基本能力	E：核心病理	F：社会秩序的规则	G：仪式化原则	H：仪式主义
婴儿期	口腔—呼吸、知觉—运动（结合模式）	基本信任与基本不信任	母性角色	希望	退缩	宇宙秩序	神圣的	偶像主义
幼儿期	肛门—排尿、肌肉（维持—排泄）	自主与羞愧、怀疑	父性角色	意愿	强制	“法律和秩序”	明智的	法律主义
学前期	婴儿—性器官、运动（介入—包容）	主动与罪恶感	基础家庭	目的	压抑	理想原型	戏剧性的	道德主义
学龄期	“潜伏”期	勤勉与自卑	邻居、学校	能力	懒惰	技术秩序	合规的（技术）	形式主义
青少年期	青春期	自我认同与角色混淆	同侪团体与外在团体；领导模范	忠诚	否认	意识形态世界观	意识形态的	极权主义
青年期	性器期	亲密与孤立	友伴、性、竞争、合作伙伴	爱	排他	合作与竞争模式	联系性	精英主义
成年期	（生殖）	生产、繁衍与颓废、迟滞	分工者以及家庭成员	关心	拒绝	教育与传统的潮流	世代的	权威主义
老年期	（知觉模式统合）	统合与绝望	人类、我类	智慧	轻蔑	智慧	友好－诡辩的	教条主义

器官模式和位置以及社会模式

前性器期模式

我们现在认为性心理和心理社会发展之间的最主要联结，在于主宰身体系统性心理区域的器官模式。这些器官模式是接受、维持、排除、侵入和包容。虽然每一个器官都具有多种模式的功能，但前性器期的理论主张，每一个力比多区域在“它的”阶段时，会受到当时占主要地位的功能模式的愉悦的、有目的的主导。嘴巴主管接受，虽然它也可以吐出和关闭以防进入；肛门和尿道维持和排泄；阳具是为了进入；子宫是为了包容。这些模式构成一个基本系列，主管整个有机体，以及与其他系统和外界的互动。因此，这些区域和模式是所有文化的育儿系统首要关注的，即便在将来发展完成之后，仍然是该文化“生活方式”的中心。同时，人类童年的首次经验尤其与姿势的改变以及模式有关，因为人体注定要直立——从平躺到爬行，从坐到站、到走、到跑，这影响人对世界的看法，也影响两性相处时应该有的行为距离。

接触了“原始”育儿方法之后，我不得不得出结论，那就是人类具有天生的智慧，能运用前性器期先天赋予的力量。这种方法不但能使儿童以特定方式牺牲某些强烈的欲求，也能帮助他们享受和适应每天的细琐习惯，甚至生活必需的技巧。当我们重现了苏族的原始育儿方法时，我们相信婴儿期的基本信任是建立在母亲毫无保留的关怀和包容上的（之后我会解释这个部分）。在长牙期，母亲会故意逗弄男宝宝已经发育好的愤怒情绪，最大限度地唤起他潜伏的残忍性格。这很明显是为了将来他能以合乎习俗的方式游戏以及工作，并且，狩猎和战争都需要足够的侵略性以面对野兽和敌人。所以我们得出结论，原始文化除了赋予人类早期身体和互动经验一些特别的意义来创造“正确”的器官模式和社会模式之外，它显然也谨慎而系统化地疏导了被唤起、被偏转的能量。原始文化也持续赋予这些被唤起的婴儿焦虑超自然的意义。

让我们借着英文中一些对于行为的基本用语，解释早期社会模式和器官模式之间的关系，因为它表达行为意义的简约口语适用于所有语言体系的表达，可以供我们做系统性比较。“口腔—知觉”阶段由两个行为模式主宰。“去拿”

首先表示收下并且接受被给予的。当然，呼吸和吸吮之间也具有真实且基本的相似性。“吸吮”是婴儿在生命中学习到的第一个社会模式，在与母性角色的互动关系中习得。母性角色是婴儿 “自恋镜映”和爱情依附的第一个“他人”。去拿给予自己的、去学习让他人给予自己所希求的，是婴儿在发展过程中所必需的适应功课。直到有一天，他或她自己也要成为一位给予者。但是接着，牙齿开始长出来，带来咬住、咬破以及咬下东西的愉快。这个主动—合作的模式，也带动了其他器官的发展。眼睛在终于可以接收到影像之后，去学习从模糊的背景中聚焦、分离、“抓住”物体。相似地，耳朵也开始学习辨别特殊声音，定音然后去寻找。就连手臂也开始有目的地伸出去，手也开始握紧。在较早或较晚断奶、较长或较短的依赖的脉络下，这些模式被赋予广泛且不同的意义。我们不只在寻找训练之于发展的因果，而是如同我们所承诺的，要建立身体、心理、社会模式间的统合：社会的精神风气的适应性发展，也必须与自我整合其“器官”的适应能力一致。

接着来谈一谈“抓住”和“放手”这两种单纯的功能的替代。某些文化——对其而言，占有对文化的精神风气具有中心意义——会低估肛门期维持和排泄模式的重要性，这种低估也许会为这些区域带来冲突。将来发展时，“抓住”的模式有可能成为具有破坏性的、残酷的维持和阻挡，或者成为关心的模式。同样地，“放手”可能会转为放任破坏性力量，或者成为轻松的“不管它”和“随它去”。同时，失败感会给人带来深层羞愧感（来自过多互相冲突的双层意义，加上过少或者过多的训练），以及无法抑制地怀疑自己是否能感受到自己所做的是真正想要做的，或者是否能做自己想要做的。

侵入模式主导了“婴儿—性器官”阶段的行为，包含着不同系列的“类似”行为：通过旺盛运动侵入空间；借着肢体攻击侵犯别人的身体；用侵略性的声音进入别人的耳朵和心灵；靠着好奇心进入未知领域。相对地，在这种侵略性行为令人惊讶的改变中，包容模式表现为对想象的物质具备一种静谧或是热切的感受性，或是愿意和同侪或者年纪更小的儿童建立温和而富有保护性的关系。没错，婴儿可能会通过自慰初次展现阳具和阴道的力比多，而且会有俄狄浦斯幻想。当情况允许时，力比多也可能戏剧化地通过集体性游戏表现出来（甚至包括模仿成人的性交）。虽然这一切很快都会“潜伏”，但是“步行”阶段和“婴儿—性器官”阶段，为基本英文所呈现的一般化模式，添加了具有“存在于转型中”意义的“形成”模式。这个词表示“启动”，坚持目标并且追求征服的愉快。同样地，某些文化倾向于在男童身上强调侵入模式的“做”（making），而在女童身上的“做”则是借着逗弄、戏谑，或者其他形式的“抓住”，强调培养她的魅力和可爱。然而两性都有融合的所有模式任其使用。

在这里我必须提到这个事实：相对于原本的“阳具阶段”，我比较喜欢称这个阶段为“婴儿—性器官”阶段，而且我认为两性在这个阶段都融合侵入和包容模式以进行发展。在“婴儿—性器官”阶段——这似乎是潜伏期的（进化）原因之一——两性都具备一定的双性特质，男性侵入和女性包容的性器官模式，要等到青春期才会真正分化。没错，当女孩发现男孩外显而直立的器官时，特别是在父权制度之下，也许会产生一些阳具嫉妒，同时强烈地希望最终能包容阳具于它想要探访的地方。事实是，我们不只讨论器官模式，也讨论对男孩和女孩的发展都很重要的侵入和包容等社会模式。我们对于女性发展的理论重点必须有所转移：从因为外在器官而产生的独特失落感，转为刚萌芽的内在活力潜能——“内在空间”，这种表现并非对立于运动功能和一般主动模式的猛烈侵入性表现。从“被动”放弃男性活动，转为借着快乐地追求活动，表现出对于拥有生育和滋养的器官的欲望。这种对于侵入和包容模式的交替看法，在性别差异上可以提供更多文化和个体变化的可能性，也不会不利于青春期的器官完整分化。

侵入和包容模式的交替，当然会导致男童发生一些特殊的冲突。在这个非常在意身体的年纪，发现女性性器官的存在，确实会引起男童的阉割恐惧，也可能会抑制他们对于女性的认同。但是，在具有启发性的情况下允许其表达的话，这些认同可以帮助男童发展关怀的特质，且不妨碍有力的运动功能以及之后的侵入生殖性的发展。

整体考虑性区域、模式和模式的最终命运，可以帮助澄清女性和男性问题。我们在试图全面理解现今对两性差异显而易见的传统剥削之前，必须先了解两者在发展上的复杂性。包容模式与合并模式两者之间有不可否认的密切关系。对于女性来说，少了阳具侵入的可能（胸部发育又相对较晚），会在文化环境下倾向于通过依赖而寻求保护。这种状况可能会和某些文化中的剥削倾向共谋，导致因为无底限的生育义务而形成依赖状态。起码在某些文化中，这种倾向配合两性在经济上的分工壁垒，在人类演进史上协助剥削女性，如同人们所期待的，或者是女性所期待的那样维持依赖的状态，在女性照顾依赖自己的婴儿（和成人）时更是如此。[①]此外，对于男性来说，在同一个文化背景下，他们任何对于退化性依赖的相应需求，或者对于母亲养育的认同，都可能导致他们朝侵入性的事务做激进的过度补偿，例如打猎或征战、竞争或者剥削。因此不管是对男性还是对女性，其对应模式会遭遇什么情况，都需要比对研究，尤其是当所有关于这个问题的理论都提出严重不协调的结论时，更要警觉这一点。重点在于今日的社会实验以及观察，必须引导出一个令人信服、涵盖两性儿童和成人的性本质理论。

姿势模式

当我们检视性感带的器官模式，并将其联结于社会存在模式时，我们必须更系统性地谈到前性器期知觉、肌肉、运

① 原则上，我相信进化的潜能以及对此关注之必要性，但我必须承认，用图表去表达模式和区域，可能会因为序列过于简化而造成误导。

动模式的心理社会重要性。如同我们所指出的，儿童在这些阶段会经历空间—时间的扩张经验，以及特殊社会互动范围的扩张经验。

精神分析理论对于这些性心理阶段中发生的平躺、爬行、站直或步行等变化，没有提出特别的理论，只有在俄狄浦斯的谜语中，我们才提到这些变化的重要性："什么东西是早上四只脚，中午两只脚，晚上三只脚？"让我重申最早的姿势，以解释它如何决定基本的（随着性心理和心理社会阶段演变）空间—时间概念。

新生儿一直处在横躺状态，总是仰望以寻找母性角色，寻找那张向前倾并且有所回应的脸。精神病理学教育我们，这个发展中的双眼对视关系，是一种心理发展必要的"对话过程"。事实上，这种关系对于人类来说，正如嘴巴和乳房的关系一般，事关物种延续：丧失与母性世界的"接触"，首先就是丧失眼对眼的相会。但是一旦建立这种相会之后，人类会永远寻找一个仰望的对象，终生因为这种"抬升的"相会而感觉被肯定。因此在这个有趣但也具计划性的第一次人际互动对话中，眼神、面部表情、叫唤自己名字的声音，都是第一次被"重要他人"肯定的重要元素。这些元素的意义非常深远，会在人生中具有决定性的相会中出现，如同爱人会“以秋波代酒”，或者我们用让大众如痴“如醉”来形容特殊人物的魅力，如同印度教的（能见伟人一面而得到的）“功德”（darshan），抑或是我们最终寻找的神圣面容：如同圣保罗所应许，我们将看清“模糊不清”的镜子，“到那时就全知道，如同主知道我一样”。现代许多关于濒死经验的描述，也都证明最后有此一会。

当我们放大这个人类原始倾向的意义时，就得谈到精神分析治疗情境的刻意巧妙设定：让病人平躺着进行自由联想，以避免眼神交流，矛盾的是，此时却在进行最重要的语言交流。这种混合解放和压抑的安排，才能引发热烈而持续的移情。整个情境最深奥（有时候会有些恼人）之处，在于重演平躺着的婴儿寻找（被剥夺的）照护者的回应脸庞。

人类发展受到戏剧性的重点转移所主导。在习惯长期依赖之后，人类儿童马上要学习“靠自己的（两只）脚站起来”，这时需要平稳直立，借此创造有决定性意义的新观点，从游戏人成为直立人。直立的动物（一开始也许有些站不稳）是头在上面，眼睛在前面。我们的视野让我们“面对”上面和前面，在后方的就成为后面。还有其他一些特别的组合：前面和上面、前面和下面、后面和上面、后面和下面。所有的形容语言都有其不同意义。前面和上面的可能指引我如明灯；下面和前面的可能阻拦我，像是一条蛇。在后面的人或东西都是看不见的，虽然对方可能看见我。所以羞耻感不只因为意识到自己暴露在前，也因为在直立时意识到有背面——特别是“在背后的”。那些“在背后的”，也可能是在“背后支持”我的，指引我向前；也有那些我不知道他们正看着我的，以及“追在我后面”试着“抓住我”的。下面和后面的，可能是因我成长而远去的人、事、物，或是我想要遗忘和放弃的。排泄模式可以被假设为一般性的排出模式，这自然需要许多器官模式和姿势系统的配合，不过我在此留下想象空间给读者。这时读者可能发现（因为我刚刚这么做过），在这一段我写了很多以“我”为主的经验。发展的每一步都是在吸取经验和语言上的肯定，不只证明（无意识）自我，也包括意识的“我”，如同坚实的自我认知，如同呼吸之于身体生存，这样的结合是我们心理生命的中心部分。

语言的姿势（模式）逻辑为成长中的儿童提供了最主要的保障，“他掌控经验（自我统合）的个体方法，是群体认同的成功变形，和群体的空间—时间和生命计划吻合”。我们之后会再回到这个部分。

最后，当儿童获得步行能力之后，不但借着驾驭的天赋和掌控的快感，重复并将步行运动做到完美，还会配合“婴儿—性器官”阶段的侵入性，用不同的方式侵犯他人的领域。在任何文化之下，儿童都会感觉到“会走的人”的新地位和重要性，无论是“他将会走远”“他也许会走太远”“她动得很好”，还是“她也许会跑来跑去”。步行如同其他任何发展成就，一定会增强自尊，代表这个人学会迈向丰硕的未来，并且将建立心理社会认同。

当儿童扩展内在结构时，必须保持与文化上“外在世界”的关系。精神分析理论认为，儿童时期父母的禁止和规定会内化为超我的一部分，也就是一个高过你自己的内在声音，构成了你“心理”的一部分，或者是一个理想自我的存在，使你焦虑或者自豪地尊敬更高的自我，帮助你日后寻找和相信导师以及“伟大的”领导者。

仪式化

到现在为止，我谈到的是儿童与养育者之间的“对话”

或者互动，而两者之间最特别的部分——仪式化，则具有更多心理社会意义。这个名词源自动物行动学，主要用来研究动物行为。朱利安·赫胥黎发现一些所谓的社会性动物，会表现出系统发生的“仪典性”行为，例如某些鸟类的华丽迎接仪式。但我们必须记住，“仪典”和“仪典性”都是在引号之内才有意义，当“仪式”这个名词被用在临床上以探讨强迫洗手行为时也是如此。幸运的是我们用的“仪式化”这个名词比较没有“野心”，仅代表人类的某种非正式行为，或者互动方式，人们会在某些有意义的时刻重复这些行为。这种互动（起码对于参与者）的意义仅止于“这就是我们做事的方法”，我们认为这对于所有参与者及其群体生活来说，都具备适应价值。因为这种仪式化，是从人类出生落地那一刻起便开始进行和引导，让人类本能地阶段性适应社会过程，如同动物会本能地适应大自然。

相对于赫胥黎和罗伦兹生动描述的动物仪式化例子，我们想到人类母亲叫醒婴儿的方法，或者是同一位妈妈哺喂或者清洗婴儿、哄婴儿入睡的方法。很明显，我们所称的人类仪式化行为，同时会是非常个人化的行为（“特别”是这位婴儿对这位妈妈的，以及这位妈妈配合这位特定婴儿的行为）。但对任何的外在观察者来说，却仍然可以遵循着人类学的传统轨迹，找出其中的模式。这整个过程遵循着生理和力比多的需求周期，配合儿童日渐发展的认知能力，以及他们在连贯的照护过程中对不同经验的渴求。母亲在生产后也有不同的需要，虽然她本能地希望当一名母亲，但也希望以一种特别的方式成为一位特别的母亲。人类的初次仪式化，除了被用以满足一系列的功能和责任，也被用以支持我们之前谈到的共同需求，亦即通过脸庞和名字来相互认识。我们总是倾向把婴儿和母亲配对，但也必须加入其他照护者，例如父亲能协助唤起和加强婴儿关于重要他人的概念——即“我”的相对者。

无论何时何地谈到这个部分，总觉得看似协调但矛盾：具备游戏性，但又正式，因为重复而熟悉，但充满惊奇。不用说，这些事情简单到看似如此“自然”，不像是计划好的（如同生命中最美好的事情），也没有办法重来。然而，它们协助人们永久地建立了在日常用语中（不幸的）所谓的“客体”关系。之所以不幸，是因为这个名词对精神分析来说有其技术性意义，属于力比多理论的一部分（爱的对象是力比多的“客体”），却被一般化而导致说不清楚的后果。

称最深爱的人为“客体”，这个误称把客体这个字抽离出世界上的真实存在，但儿童必须对这个世界投以特殊的重要情绪，并建立认知兴趣。无论如何，具备面对重要他人的心理社会能力，以及能理解自己属于独立自我，才能——鉴于他人的存在——在性心理层面补足自己。但同时，这会阻碍儿童的愤怒和焦虑，这比幼兽的愤怒和恐惧更复杂且有意义。相对地，在某些极端例子中，缺乏早期联结会使某些儿童表现出“自闭”，这可能是对应或响应母亲的退缩。在这种情况下，我们会发现儿童出现徒劳无功的沟通方式，进行没有眼神交流和面部表情的私人仪式化行为，绝望地不停重复刻板化的动作。

我现在必须承认，用仪式化和仪式主义形容这种现象的另外一个理由是，借此对应发生在文化中的日常仪式化行为和整个文化仪式。我早先提到过，母亲和婴儿之间的互相认识，会成为整个生命当中最高贵相遇的模型。事实上，现在几乎可以这么说：生命中每个重要阶段的仪式化行为，都对应于社会架构中的主要制度以及仪式。我认为，最初隐晦地证实“我”和“他人”的两极存在，得以建构人类对于一个普遍本质的仪式和美学追求的基础，我们称其为超自然：神圣存在之光环。超自然再一次向我们保证，其具备超越独立性，但也具备确认特殊性。宗教和艺术两个体系，对于培养超自然具有强烈的传统主张，从仪式的细节中可以看到，超自然被集合起来的其他“我”所分享——一起分享一个包罗万象的“我”。君主政权曾经与其争权，如今，政治理论当然已经取代超自然的功能，代之以千万选举旗帜上复制的领袖肖像。但是对于持怀疑论的观察者来说（也包括临床工作者，除了运用有力的技术，他们也为参与“专业”运动而把学派创始者照片挂在墙上，并提出英雄史前时代史作为理论依据），这些对于包容和超越的经验的传统需求，是一种源自婴儿时期的部分退行经验，或是一种集体精神病形式。我们必须从发展的和历史的关联中来研究这种需求。

然而每一个基本仪式化的确都和一种仪式主义有关。所有类似仪式的行为模式，呆板的重复和虚伪的幻觉，都会破坏群体组织的统合价值。因此，既定环境下对于超自然的需求，很容易变质为偶像崇拜，一种视觉的上瘾，最后变成最危险的集体幻觉系统。

为了（更简略地）阐述第二阶段（肛门—肌肉）和第三阶段（婴儿期的性器官—运动）的主要仪式化，我们在第二阶段会问：黏附在肌肉系统（包含括约肌）功能上的顽固愉悦，要如何被导引为符合文化习俗的行为模式？而这出自大人的意图，必须转为儿童自己的意愿。进行婴儿时期的仪式化时，注意和回避都是家长的责任。但现在儿童自己必须被训练得“小心点”，确保什么是可能的，什么是可以的，而什么不是。为此，如果他没有小心一点的话，家长和其他大人就会比较他（和他的脸）和他可能变成的样子，这会导致两个极端的自我形象：一个是家庭和文化所期望的扩张和自我肯定的我，另外一个是（最为宿命的）不应该是（或表现为）这样、但又可能是如此的负面形象。这些形象会因为不断提及对儿童而言超龄、适龄，或者太过幼稚的行为而被强化。这些都发生在较大儿童和家长间所形成的特殊依附中，特别是在父亲角色越来越重要时。也许因为有着低沉嗓音的父权形象代表可任意决定对错，所以我们只好另外用慈悲和指导的角色，平衡父亲代表的恐惧和禁止形象。

在临床上，我们知道这个阶段有关决定性的混乱会导致病状。这是仪式化的又一次失败，过度规范孩童的行动自由，以至于即便他们仍有些基本的选择权，但在部分领域早已放弃了自我意愿。仪式化地接受对与错、我的与你的、好与坏的决定性区分，不是导致过度强迫性妥协，就是导致强迫性冲动。年纪渐长之后，反而会强调自己没有能力进行有意义的仪式化，他们可能沉溺于强迫性或者冲动性的仪式化中，甚至最悲惨的，成为仪式主义者。

这个阶段是建立另一个伟大仪式化原则的主要舞台，我称其为明智（judicious），因为其包含“法律”和“世界”。这时的发展重点在于准备接受法治世界的精神。个体发展的来源在于人类质疑自我意志和自我决定，以及法律对于罪恶和违法的定义。正是此时，法律规定这个生命阶段的人开始具有行为自由。法律系统包含相对应的仪式，法庭这个公众舞台上所演出的，类似于每个人的内在世界：我们被说服，法律如同意识一样永远在运作，只有当两者谴责犯罪时，才会宣判我们自由。法律概念是人类心理社会适应的本能元素，源自个体发展过程。但是仪式主义的危机也潜伏在此，那就是法治主义——有时太宽松，有时太严厉——是个体强迫性质的相对应官僚体现。

学前期是一个很好的时期，此时我们会终结学前的仪式化。从性心理的角度来说，在学前期必须解决掌控核心家庭的俄狄浦斯三角情结。不论社会首先采取什么样的教学方式，密集的非家族依附则要等到儿童成长到上学的年龄后。同时，学前期让儿童探索他们自己的仪式化领域，这是通过模型玩具世界，以及在游戏中分享的空间及时间来实现的。儿童借此从想象的互动中，学习征服的梦想和随之而来的罪恶感。

婴儿期的戏剧性为学前期带来基本的仪式化元素。然而，渐成说图表坚持戏剧性不是代替，而是加入超自然和法律元素，虽然这些元素的源头来自形式化的正式性和理想性。没有任何成人的仪式、典礼、仪典能够免除这一切。相对于儿童游戏领域的制度、舞台或者布幕，通过充满敬畏或幽默的方式表达戏剧性。还有一些特殊场景（广场、寺庙、法庭、礼拜堂）也会进行戏剧性活动。仪式主义的元素根源于学前期，我认为道德压抑了游戏的主动性，因而我们缺乏创造性的仪式化行为去疏导罪恶感。这就是道德主义。

谈游戏和戏剧的结合时，很适合谈到俄狄浦斯王宿命的心理—社会意义，他绝对是戏剧中的英雄。我们到现在为止，在描述生物的发展顺序时，忽略了成长中儿童日渐增多的游戏对象——他们能和儿童（通过区域、模型和模式）进行有意义的互动。首先当然是母亲，在共存阶段中，她允许力比多和重要他人[1]之间有所联结，如同我们所看到的，此重要他人也成为一种自爱（自恋当然是一个特殊例子）的保证人，以提供基本的信任——这个我们现在将要讨论的最基本的和谐态度。

当原本的两人关系加上父亲而演变为三人关系时，就会进入“冲突性”的俄狄浦斯困境：强烈地想要永远拥有异性父母的本能希望，以及对于（同样深爱的）同性父母的忌妒恨意。这种早期情感经验的性心理成分，构成了精神分析的核心情结（core complex）。然而，我们在这里必须补充，这些热切的渴望很仔细地根据规划而达到高峰。当游戏性的幻想蓬勃发展到顶点时，满足渴望的身体条件却全然欠缺。主要的本能愿望和相对应的罪恶感，都出现在婴儿期冲突最密集以及游戏发展最快速的阶段，不论什么样的幻想愿望——以及罪恶感——即将旺盛，都会在下一个“潜伏期”和学龄期沉潜。当青春期性器官成熟时，目标也会转向性伴侣，那些残存的婴儿期俄狄浦斯征服和竞争幻想，会与一起分享理想英雄和领袖（支配一些现实领域以及“戏剧”世界

① “他人”这个名词借自弗洛伊德写给弗利斯的信，弗洛伊德坦承他在通信者中寻找“他人”。

的人）的同龄伴侣联结。社会秩序必须确保本能力量如此运行，以进行世代交替。

我们在此必须顺带谈到另一个对于发展极为重要的因素。当游戏对象的范围扩大，个体开始在更大范围的群体中扮演全新的角色时，原本的两人和三人关系的意义，需要找到一个新的呈现方式。这并不能让我们在没有特别证据的情况下，单纯认为这代表固着退行到早期共存状态。这反而或许是一种更高层次的渐成发展，而可能调整配合该阶段的主宰原则和心理社会需求。青春期以及成年期所追求的领袖或者神圣形象，并不“只是”继续追寻婴儿期的第一个“他人”。正如布洛斯所说，可能存在着“为发展效劳的退行”。

我用一些关于游戏的简述，来总结这一章关于渐成发展的世代意义的讨论。精神分析的原始游戏理论和其能量原则、“阉割”理论一致，认为儿童期的游戏具有发泄被压抑情绪的功能，并能借幻想解脱过去所受的挫折。另一个可能的解释是，儿童通过在游戏中对玩具与日俱增的掌控感，而产生掌控过去压抑困境的错觉。对于弗洛伊德来说，游戏是将被迫的顺从转为幻想行为。依据发展的观点，我曾经假定与身体感知游戏的自动领域，与玩具游戏的微领域，与他人游戏的宏领域。受惠于临床观察，我发现玩具的微领域可以引诱儿童无防备地表达引起焦虑的危险愿望和主题，最明显的反应是儿童会突然中断游戏，像是一场发生在清醒生活中的焦虑梦境。如果在微领域感到恐惧或者失望，儿童可能退回到自动领域，做白日梦、吸吮手指、自慰。随着发展，游戏会带领儿童进入宏领域，一个与他人分享的社会场域，在那里儿童必须学习可以和他人分享游戏设想，并强加在对方身上。很快地，人类的伟大发明：具有侵略性目标以及公平规则的正式游戏，会成为儿童游戏的中心。游戏绝佳地证明了渐成发展的每个主要趋势都会持续，而且终人类一生进行。游戏的仪式力量在于：人类在婴儿期可以通过创造模式情境，借着练习和筹划以掌控现实。当成人面对重要的局面时，其实也是在“玩”过去的经验和预期的任务，从自动领域中这个被称为思考的活动开始着手。但除此之外，通过在戏剧环境（“戏剧”和小说）中，以及在实验室和涂鸦板上建构模式情境，我们便能站在更正、共享过去的优势位置上，有创造力地期待未来、弥补过错并且巩固梦想。为此，我们显然必须接受和利用这些材料——玩具或者思考模式、天然的材料或者研发的技术——拜这个时代所拥有的文化、科学、技术条件所赐，这些都任我们支配。

渐成说强烈建议我们不要把游戏和工作视为是泾渭分明的。最早期的游戏也具备早期的工作形式，游戏中的一些成熟部分并不会被隐藏，反而会阐述工作的真实严肃性。但是成人可以借着游戏，计划性地执行最具破坏性的目的：游戏也可能成为大规模的赌注，谋取私利可能表示让对方惨败。

然而，学前期的所有理论，包含被罪恶感压抑的自主性、对玩具的物质幻想、分享游戏空间的心理社会意义、俄狄浦斯故事，所有这一切都提醒我们有另外一个最私密的舞台：梦。对此我们已经谈论和分析过很多次了，所以必须在探讨心理社会的这段跳过它。但是必须指出的一点是，常被讨论的在梦中“潜伏”的隐藏内容，在用来“解释”模型和模式时，非常具有启发性。

我已经勾画出童年期的心理社会发展模式、仪式化和游戏，我必须再回到性心理理论，探讨本能力量对于前性器期发展的特殊贡献。

性心理理论阐述前性器期的发展终点，是在男女两性能够互相包容对方的性器之际。如果这个阶段发展完整，个体长大后会变得成熟而且免于神经症之扰。不论力比多“是”什么，都必须依赖成人投入与世代挑战之间的互动，时而热切，时而被迫，才能将它转化为心理社会发展。因此，一个真正完整的性心理理论，需要生殖的本能驱力，以及与后代之间的生殖互动。这些部分存在于人类天性内，就像成年野兽本能地生殖和养育下一代一样。当我们完成表2中的A项目时，我们（在括号之间）加上“生殖”阶段，代表生产、繁衍的心理社会阶段的本能（B项目）。

1979年，当我在纽约举办的国际精神分析学会演讲时，我曾经解释过这个放诸四海皆准的主题，指出在俄狄浦斯王的经典体裁中，他不是因为性方面的犯罪被指控，而是因为“在养育自己的土地上耕植”，最后导致土地荒芜，女性不孕。

但是在强调性心理的生殖面时，我承认这在全球节育的时代是非常矛盾的（如果不说是不道德的）。当今精神分析的课题，在于指出在性心理生态学出现彻底改变时可能面临的危险（事实上，这是精神分析在维多利亚时代的最初目的）以及之后可能的后果，并且需要在临床上辨认出这些。举例来说，在今日的病患身上，我们可以看到某些被夸大的

“自我”关心，被解释为生育期望被压抑，以及对失落感的否认。这些因素当然可能造成病理上的压抑，但也可能形成升华，亦即在心理社会的脉络下运用力比多。只要想想，当代有日益增多的成年人去“照顾”“非亲生”子女，不论是在家里、学校，还是在世界上的“发展中”区域。生产、繁衍总是可能将其能量转为对整个世代的贡献和创造。

第三章

心理社会发展的主要阶段

用语以及图表

重申生命中的心理社会阶段序列，等于要为琼·埃里克森和我最早赋予它们的专有名词负责，包含可疑的希望、忠诚、关怀。我们表示这些都是从生命三个关键阶段中、从协调与不协调性格倾向的挣扎中衍生出来的心理社会力量：希望来自婴儿期“基本信任与基本不信任”的对立；忠诚来自青少年期的“自我认同与角色混淆”；关怀来自成年期的“生产、繁衍与颓废、迟滞”（“与”也有互补意义上的“反之亦然”的意思）。这些用语以长远的角度来代表本质，事实上代表了一个年轻人“够格”进入世代交替，最后成为成年人。

表3 心理社会危机

		1	2	3	4	5	6	7	8
老年期	VIII								统合与绝望(智慧)
成年期	VII							生产、繁衍与颓废、迟滞(关怀)	
青年期	VI						亲密与孤立(爱)		
青少年期	V					自我认同与角色混淆(忠诚)			
学龄期	IV				勤勉与自卑(能力)				
学前期	III			主动与罪恶感(目标)					
幼儿期	II		自主与羞愧、怀疑（意志）						
婴儿期	I	基本信任与基本不信任(希望)							

整体考虑我们的用语时，一定要提到已故的理论权威戴维·拉帕波特。他曾试着让我在自我心理学领域占一席之地，他警告他的读者：“埃里克森的理论（就像大多数弗洛伊德学派一样）属于现象学，特别是他的临床精神分析—心理学假设，没有太多系统性的区分。因此，其理论用语的概

念到现在为止尚不明了。”清楚来龙去脉的读者会知道他的意思。但是如果我们接受仪式化联结了发展中的自我和社会风气这一点，那么现用语言一定是仪式化里面最为出色的形式，因为它针对仪式互动所传达的价值，指出了什么是举世皆然的，什么又是文化特定的。当我们谈到人类力量的现象时，将这种随着世代使用而日益成熟的日常语言作为讨论基础是最有效果的。

更具体地说，如果从发展的角度来看希望、忠诚和关怀，视其为关键阶段（如婴儿期、青少年期和成年期）中的人类力量或者自我特质，那么我们不会讶异（虽然当我们注意到时仍会感到讶异）它们对应的中心价值正是希望、信仰和慈悲。受过维也纳学派训练的怀疑论读者当然一定记得，当奥地利国王被请求检视一个华丽的巴洛克纪念碑时，他权威地宣称：“你的左下角需要多一点信仰、希望和慈悲！”当这些已被证明的传统价值被引用为至高的精神抱负时，事实上，在它们模糊的起源处，藏有与人类力量源头的关系，追寻它们在不同传统和语言上的对比将极具启发性。

当我谈到世代周期时，我曾询问萨德赫尔·卡卡尔“关怀”的印度语怎么说。他回答说似乎没有特别的词，但是成年人会克制（Dama）、慈悲（D-ana）、同情（Daya）。我只能把这三个字翻译为英文日常用语中的“小心”、“负责”和“关心”。

在此，我们可以回想渐成说观点的成长阶梯序列，如同表3所指出的那样。特别是我不想再“每次都从头说起”，因此我想要从心理社会阶段最后层次的成年期开始谈起。重要的是很快地再次确认导向此阶段的整个阶梯。为了使优势的列表完整，在“希望”和“忠诚”之间，我们假设有（和主要发展阶段最为相关的）“意志”“目标”“能力”，而且在“忠诚”和“关怀”中间加上“爱”，在“关怀”之后，（甚至）加上“智慧”。表3很清楚地表示出，每一个力量（甚至是智慧）都根基于前面的所有垂直阶段；从水平的位置来看，这些力量在发展上的成熟（以及社会心理危机），为所有“比较低”的、已发展的、更高的或发展中的阶段赋予了全新的意义。这是永远也说不够的一点。

另一方面，也许人们会问，我们怎么能确定渐成原则确实能解释所有心理社会现象的序列呢？这岂不是代表我们赋予了生理过程一种特有的组织力量，好像它可以驾驭社会过程？我的答案是，生命阶段一直都和生理过程相“联结”，同时依赖人格发展的心理过程，以及社会过程的伦理能力。

这个阶梯的渐进本质同时表现在所有用语的语言连贯性上。事实上，“希望”“忠诚”“关怀”等词，都具有内在逻辑能确认其发展上的意义。“希望”是“期待的欲望”，是一个符合含糊的本能驱力的词，适当地表现出由经验所唤起的坚定期待。这也符合我们的推论，自我成长的基本力量和根基，来自对第一个发展冲突的解决，即“基本信任与基本不信任”。从语言学的意义来说，“希望”甚至和“跳”有关，它代表着跳跃。我们总是会充分利用柏拉图的例子，他认为所有嬉戏的雏形，都是幼兽之跳跃。无论如何，希望赋予预期的未来一种余裕感，邀请盼望的跳跃，不论是在预备的想象中，还是在小小的创始行动中。这种胆量必然来自在母亲的实质或象征滋养中所得到的基本信任，且在受到绝望威胁时，必须接受足够的安慰才能修复，也就是德文中的“安慰”（Trost）所指。同样的，“关怀”本身是“珍惜”和“抚摸”的本能冲动，失去关怀时会释放绝望的信息。在青少年期这个介于儿童和成年之间的年龄段，我们假设忠诚的力量浮现，这不只是信任能力（信任自己）的升级，也代表值得被信任，能承诺对某人的忠心，建立某种思想上的归属。缺乏根深蒂固的忠诚时，会造成某些病状倾向，例如缺乏自信或者反抗，甚至效忠于缺乏自信的团体及个体。因此，信任和忠诚在语言学和渐成说上都是息息相关的。我们可以看到罹患严重疾病的青少年，会半故意地退行到最早的发展阶段，试图重新得到——除非他们已经丧失全部——某些早年的希望元素，希望能借此再跳跃向前。

指出这些普世价值（例如信仰、希望和慈悲）的发展脉络，并非为了追溯到婴儿期根源，而是让我们去思考人类的力量是如何一步一步从本质上受到困扰的——不只需要我们一辈子都具有疗愈性洞察的严重弱点，还需要我们在普遍的信仰和思想体系中唤回弥补价值的基本邪恶。

因此，在鼓励之下，我们要介绍心理社会阶段。如同我之前说的，这次要从最后一个阶段开始——即表3的最上方。这不只是因为我们要用相反的方法解释，而且是为了配合表格的逻辑。如前所述，要理解这个表格，需要研究每一条线——不管是平行方向还是垂直方向——每一条线在发展上都相互关联，都可能为早期的因，或者是后期的果。这种检讨方式，在今日这个需要重新关注和关心的时代，才能深切彻底地解释每个阶段在现今代表的意义。

最后阶段

老年期的主要对立概念和最后的危机是“统合与绝望”。这时的不和谐元素可能比较有说服力，毕竟，事实是表3最上面的那条线代表所有的终结（时间点跟方式都无法被预期），这就是我们的人生宿命。然而，“统合”似乎具有一个独特的要求——我们所假定从最后的对立中衍生出的成熟力量——也就是智慧，我们解释其为“面对死亡时，对于生命本身的了然于胸和超然”，这可以表现在古老的格言上，也可能用最简单的方式呈现在日常生活中。但同样地，智慧也有其天生对头，那就是或多或少的轻蔑：一种面对（及看着别人）结束时，困惑而无助的情感反应。

在我们理清这种终极矛盾之前，最好再次思考所有发展和发展理论的历史相对性。以这个最后阶段来说，它是我们在“中年”时建构的——当时我们当然没有意图（或者能力）去想象自己老的时候。这不过是几十年前的事情，当时我们对于老年先入为主的印象，自然和现在完全不同。当时认为“老者”是少数智慧的男女，实践了他们的阶段性任务，而且知道如何有尊严地死去。当时的文化认为长生是少数人才有的天赋和义务，但是如今保养良好的“年纪较长的人” 快速增加，这种概念还依然存在吗？另一方面，社会变迁会改变我们对于老年的看法，从而阻碍我们得到在传统机智和智能中仅存的精粹知识吗？

毫无疑问，老年的角色需要被重新检视和思考。我们可以试着重新检查我们的理论架构。让我们回到表3：老年期在表的什么位置？从时间顺序来看是在右上方。我们说它的非和谐元素为绝望。当我们看一眼左下方时，那里的第一个和谐元素是希望。在西班牙文中，这个词是“希望”和“绝望”的桥梁。事实上，在所有的语言中，“希望”都代表了最基本的“我”，没有我，生命便无法开始或结束。当我们看左上方的空格时，我们知道那里必须有一个词，代表希望的最后形式，随着上升的垂直线渐渐成熟——“信仰”这个词可以说是无出其右。

生命周期最后回到原点，那里有成熟的希望，不同形式的信仰（“你们若不回转，变成小孩子的样子……”），这证明希望是所有人类特质中最有稚气的。最后的阶段确实也最具备初始特征：在有些文化中，小孩借由与老人相处而变得有思想。我们可能要仔细思考，当将来的老年期成为一种

“一般可预期的”经验而可以被有计划地预期时，这种关系会变成什么样？平均年龄延长这个历史性的改变，让仪式化产生变化，从而必须能提供初始与结束之间有意义的互动，与某种明确的统括感，以及对死亡更积极的预期。对于这一切，智慧仍然是一个有效的词——我们认为绝望也是。

让我们再次回到右上角，退回一步，进入老年期之前的生产、繁衍期。但是，根据渐成说的架构，“之后”只能代表前一个版本后面的版本，但不会因而失去前一个版本。的确，老人也依然拥有广义的生产、繁衍功能。无疑，今天家庭生活的溃散与中断，造成了老年期缺乏维持生命活跃的最低限度互动。“缺乏互动”这一主要原因，反而被隐藏在其他导致老人去接受心理治疗的明显症状背后。他们多数的绝望来自一种无止歇的延滞，这可能会导致一些老人试图延长疗程。这个新症状很容易被误认为是老年人退行到了早期阶段：特别是当年老病人不只悼念时间逝去和空间减少，还有（我们的表格最上方从左到右）自主权削弱，主动权丧失，亲密关系不再，生产、繁衍能力被忽略，更别提认同的可能性被置之不顾，或仅有极度受限的认同。如同我们所说的，这些可能都是“为发展效劳的退行”——即为（字面上的）

特定年龄的冲突寻求解决之道。

我们会在最后一章回到这个问题。此处顺带强调：老年期的所有过去的特质都有新的价值，我们要去研究它们本身，而不是它们的过去——不论它们是健康的还是病态的。用更现实主义的用语来说，在最后阶段时焦虑相对较少，并不是因为脱离了对“生—死”的恐惧；理解婴儿期的罪恶感，并不能消灭每个生命各自感受的邪恶；正如明确的心理社会认同，也不能取代存在的“我”。总而言之，运作良好的自我，并不能统合代替“我”的知觉。社会风气，也不可能因为宗教和政治理想在历史上所预言的终极远景，就放弃本身被赋予的责任。

但为了完成我们的心理社会结论：如果智慧的对头是轻蔑，它（如同所有的不兼容）必须被视为面对人类弱点、堕落与欺骗时，自然和必然的反应。事实上，只有害怕被暗地伤害，以及或多或少隐藏着自我轻蔑时，轻蔑才会被否定。

老年期最后建立的仪式化是什么？我认为是“友好—诡辩”：在身心不统合中维持某些秩序和意义，也倡导对智慧的永久希望。这种仪式化的相对危险在于教条主义——一种强迫性的假统合——若结合了不适当的力量之后，可能成为高压的正统派。

那我们建议的最后老年期（老年前期）的社会心理状态是什么呢？我认为是知觉模式的统合，启发更丰富的身体和心理经验，即便某些功能减弱，生产能力也消退了。（很明显地，这种力比多理论的延伸需要更多的讨论，所以我插放在表2里面。）

回到我们在最后阶段所描述的主导和谐元素：统合——其最简单的意义当然是一贯和完整的感觉。无疑，在最终阶段中，这些感觉备受威胁。其他危机还包括可能会失去三个组织过程的联结：在身体上，细胞、血管、肌肉间的互动减弱；在心理上，对于过去和现在经验的记忆连贯性逐渐消失；在社会意义上，害怕突然完全丧失负责性互动的功能。这里需要的就叫作“统合”，即想要把东西留在一起的倾向。我们必须认识到老年期的怀旧神话可能成为一种假统合，以防御潜藏的绝望（这种防御可以由表3里呈对角线的和谐元素构成）。但我们终究必须在有利的条件下，或多或少积极地考虑到人类的潜在能力，让早年的统合经验开花结果。表3最右边的垂直线就是在表达统合的缓慢成熟。

再看一下我们当初是如何建构“统合”概念的：当老年

人在某些方面开始变得像小孩时，问题在于这种“转变”是带着智慧的返老还童，还是受限制的幼稚。（老人可能会变成、想变得太快太老，或者想维持太小太久。）这时，只有统合感可以把一切联结起来：统合并不是一种稀有的个体特质，而是一种共同的倾向，能理解或者“聆听”那些知道如何统合生活的人。这些人简单的成果和话语，为差异的时间和不同的诉求建立秩序，形成同志情谊。对这些少数的“他人”，生命最特殊状况时的主要对手，也会产生不同的、跨越时光的爱。个体的生命不但是生命周期的巧合，也是某一段历史的巧合；所有人类的统合都随着个体分享的统合风格，或屹立，或陷落。

世代联结：成年期

在情况允许时，我已尽可能地检视过生命周期的终结，此时我感觉自己急切需要扩大一个“真实”的阶段，它联结两个阶段，也联结整个周期。用以下这个垂死老人的故事最能表达这种急迫感：当他闭上眼睛，他的妻子小声对他报出每一个来为他送终的家人的名字。“那谁——”他突然问道，猛然坐起来，“谁在看店啊？”这表达了成年人的精神，印度语称为“维持这个世界”。

我们的两个成年期——成年期和青年期，并不是霸占青少年期和老年期之间的所有次阶段。我们很欣赏其他理论家所建议的替代细分阶段，但在此重申我们的原创结论主要是为了传达这种体系本身具备的一般逻辑。现在重新检视这些阶段时，在我们要进入下一个阶段前，必须证明这个阶段在发展上已经成为之后阶段所不可或缺的。至于每个阶段特定的年纪范围，最早开始于（考虑到所有必须的条件）一个发展特质能渐渐取得主导权，以及成为有意义的危机时；最晚则是到（为了整体的发展）此特质必须将关键性的主导权交付给下一个特质时。这个交替时刻，可能会涵盖相当广的时间范围，但是阶段仍然保持原定序列。

对于成年期（我们的第七个阶段），我们指定了最关键的对立——“生产、繁衍与颓废、迟滞”。我们指的生产、繁衍包括生殖、生产和创造，以及新世代、新产品和新想法，还有关于更进一步认同发展的自我衍生。相反地，即便对于最有生产力和创造力的人来说，颓废、迟滞也不是一件新鲜事，它会完全压制人们，让他们发现自己在创造上毫无行动。这个对立中产生的“美德”是关怀，一种照顾我们所关心的人、事物和想法的扩大承诺。这些力量来自我们早期从婴儿期到青年期（希望和意志、目标和能力、忠诚和爱）的序列发展。通过更仔细的研究，我发现这些力量对于培育下一代的力量至关重要。这就是人类生命的“储存”。

生育难道不也是（我们曾经问过）向前迈进一步，而不只是生产、繁衍的单纯副产品吗？既然每一次生产、繁衍的邂逅都引发生殖器官的被唤醒，且就原则上来说，会导致受孕，那么心理—生理上对于生殖的需求便是不可被忽略的。无论如何，青年人能在身体和心理的相遇中，迷失自己以寻找彼此，这种能力（在下一个阶段的“亲密与 疏离”中获得）迟早会让我们对彼此的兴趣蓬勃地扩大，并投注力比多于所共同生殖和照顾的人。当各种不同形式的生产、繁衍完全失败时，可能会让我们退行到先前阶段，呈现为对于假亲密的强迫性需求，或者对于自我形象的强迫控制，两者都弥漫着颓废、迟滞感。

如同所有阶段的对立，颓废、迟滞代表了这个阶段的核心病态，也包含退行到之前的冲突。但是同时我们必须理解它对于这个阶段的重要性。如同我所指出的，对于性挫折被视为病态（根据生育控制的主流科技思潮）、生产、繁衍的挫折却仍未被广泛认知的现代，这一点特别重要。对受挫折驱力能量使用最佳的或者说是更广泛运用的就是升华。如同我们说的，当代生产、繁衍的新思潮，可能会唤起全世界对于儿童生活质量的关注。这种博爱会让已发展人群除了为发展地区提供避孕药和食物包以外，更共同保证蓬勃发展和存活的机会——为每一个新生命。

现在我必须继续讨论每一个阶段的生命现象特质，这对群体生命和人类生存而言至关重要。如果关怀（如同其他力量）是高度本能的共情倾向表现，那就会有一种相对应的对立倾向。从前我们称之为轻蔑，在生产、繁衍阶段，我们称之为拒绝，即不愿意在考虑个体的生产、繁衍时，纳入特定的人或者群体——不在乎也不关心他们。当然，合乎逻辑的事实是人（本能地）发展对他人的（本能的）关心时，会选择那些最“熟悉”的人。事实上，一个人要想生产、繁衍和付出关心，就必须具备这样的选择性，而能有所区别地拒绝。因此，道德、法律和自省能力必须规范每一个族群能够接受的拒绝范围，即便宗教和思想体系也必须提倡针对较大范围社群的关怀法则。事实上，世界博爱这种精神原则，为发展关怀以及衍生应用提供了最根本的支持。很多时候“博爱”可以先被放在一边，在家庭和社群里，“拒绝”可以或理性、或残忍地压抑那些不符合生存和完美的目标者，这可能意指对自己小孩施以身体和道德的压迫，或者对家庭和社群其他成分抱持道德主义的偏见。当然，这会形成一大群“另外一边”的异族人。（许多临床案例都阐明，有一些年轻病人会成为被各世代拒绝的对象，而不只是单纯地被“妈妈”拒绝。）

此外，拒绝会定期找寻集体表现的领域，例如对抗那些威胁到自己的（多半是邻居）群体，这不只是为了领土和市场冲突，而是因为他们是单纯的异己，当然对方也会还以颜色。生产、繁衍和拒绝的冲突，是全球人类激增之后发展最强烈的冲突，我称之为假物种形成，康拉德·洛伦兹则翻译为准物种形成，即指控（以及基于此的冲动和行为）另一种或另一群人在本质、历史或宗教上，是有别于自己的物种——而且对人类有害[①]。这是人类的首要两难，假物种形成可以带来最真最好的忠诚、英雄主义、合作和发明，却为

① “假”这个字最自然的意义，并不是故意的欺骗。它代表一种大范围的全人类倾向，去创造或多或少的假象，使自我族群在创造和历史上有其独特形象。它是潜在的创造倾向，但有可能导致最危险的极端状况发生。

不同族群的人类带来仇恨和破坏。人类的拒绝问题不但影响族群生存，也影响每一个人的心理社会发展。当拒绝被抑制后，可能引发自我拒绝。

如同所承诺的那样，我们必须为每一个阶段安排一个特殊的仪式化形式。一个成年人必须准备自己成为下一个世代眼中的神圣模范，判决邪恶的裁判和理想价值之传递者。因此，成年人必须经过仪式而成为仪式者，古老的需求和传统驱使他们参与某些仪式，以协助和强化这个角色。我们可以简单地称整个仪式的要素为生殖性要素。其中包含辅助性质的仪式化形式，例如家长是教育者、生育者，也是疗愈者。

我认为在成年期猖獗的仪式主义，是权威主义——吝啬和非生产性地用权力将经济和家庭生活系统化。当然，真正的生产、繁衍，包括真实的权威。

成熟的成年期是从青年期演变而来的，从性心理发展的角度来说，这个时期是借着后青少年期的生殖成熟，建立真实亲密关系的力比多模型。就在危险的漫长青年期之后，一股追求验证的强大力量弥漫在身体与气质的交会中。

年轻成年人成长于青少年对认同的追寻中，他们可能会急于而且愿意将自己的认同融于亲密关系之中，愿意和工作、性、友谊的互补对象分享。一个人可以经常“在恋爱”或者拥有亲密关系，但是此刻正处于成败关头的“亲密”，是一种致力于建立坚实关系的能力，这样的关系可能会要求个体做出牺牲和妥协。

“亲密”的心理社会对立就是“孤立”，是对于分离和“不被认可”的恐惧，这会深层刺激在生殖性上已经成熟的“我—你”经验去进行初始仪式化，例如标记一个人的初始存在。孤立感是青年期的主要病征。事实上，有一些从属关系造成了孤立，为了保护彼此不去面对下一个关键发展——生产、繁衍。但是孤立最大的危险，在于退行地、恶意地再体验认同冲突。在准备好退行时，危险也在于我们会固着在与重要他人之间的最初冲突中，而这可能形成“边缘性”病理。然而，我们在解决亲密和孤立的对立时产生了爱，中立而成熟地投入自己，并承诺解决两个分裂功能之间与生俱来的对立。

与青年期的亲密和爱对立的就是“排他”，其在形式上和功能上都和随后成年期所萌发的“拒绝”相关。排他对于亲密至关重要，如同拒绝之于生产、繁衍，两者都可能变得极具破坏性，以及产生自我毁灭。若完全没有能力拒绝和排除任何事情，只会导致过度自我拒绝和自我排除。

亲密和生产、繁衍很明显紧密相关，但是亲密必须先提供联系性仪式来建立族群内的凝聚风格，通常是通过极富特征的动作和说话方式。亲密看守着心理社会演化中那难以捉摸但又具有蔓延性的力量——群体和个体风格的力量。这赋予也要求我们信服共同的生活模式，即便在群体亲密中，也要保证我们存在一些个体认同，群体承诺共同的生产模式，被我们结合为共同的生活方式。这些起码在原则上相对应于发展所追求的高目标。但不同背景的人们在这个阶段必须整合他们的习惯，为自己和后代创造新的环境，并反映历史变迁所带来（缓慢或者激进）的社会习俗的改变和主要认同模式的转移。

倾向于为青年期仪式化带来徒劳的仪式主义，是一种精英主义，它造就许多派别和宗教流派，形成的不是生活风格，而是一种势利。

青少年期和学龄期

让我们回溯一下：青年人的可信赖性，主要基于青少年期对于自我认同的挣扎结果。当然，对于渐成说而言，没有人可以在工作和恋爱上遇到理想的伙伴之前，就“知道”自己“是”“谁”。基本认同模式必须源于：1.选择性地肯定或拒绝个体童年认同；2.社会过程认同个体的方式——最多认同他们成为今天的他们、可以被信任的他们。反之，社群也被愿意接受这种认可的个体所认可。同样地，社会也可能因为某些个体不屑被接受，而深深地“感到”被拒绝、被报复，在这种情况下，社会可能因为无法理解和吸收，草率地抛弃那些找错群体（例如黑社会）的人。

自我认同的对立是角色混淆，这显然是一种注定而且必需的经验，但它可能对病理性退行造成互相加剧的主要干扰。

自我认同的社会心理概念和自我有什么样的关系？这是个体心理学的中心概念。一方面，如我们所指出的，广泛的自我认同概念，使个体在儿童期所经验到多元而变动的自我印象逐渐变得一致（这些在青少年期会被戏剧化地再现），有不同的角色机会任他们拣选和投入。另一方面，持续的自我感必须存在于连续经验到意识“我”中，那是一个存在的超自然中心：一种存在式认同。而在（像我们在老年期提到的）最终线时，它必须要超越心理社会认同。因此，青少年拥有敏感、稍纵即逝的存在感，如同有时对于各种思想价值具有热情（包括宗教、政治、智识），有时则拥有理想去适应时代和既有的成功模式。青少年的动荡特质在其他时间点可以很奇特地保持蛰伏。在青少年期可以藏住这种关于存在的当务之急，并且可能一直要到老年期才能等到“它们的时代来临”。

青少年期产生的独特能力，谓之忠诚，维系着婴儿期信任和成人信仰两者之间的关系。他们将对于家长指导的需求，转向导师和领袖，忠诚急迫地接受他们的思想仲裁，不论此思想是隐含在“生活方式”中，还是明显外显的。忠诚的对立是角色否认：一个主动而且具有选择性的驱力，有助于将形成自我认同时可用的角色和价值，与那些必须被拒绝和抗争、不相容于自我的部分分割开来。角色否认可能以缺乏自信的方式呈现出来，在关于任何现有的认同潜能上表现出缓慢和无力，或者是系统性的轻蔑。最后这会倾向偏好（总是呈现出）负面认同，即结合了社会所不接受的但根深蒂固的认同元素。如果社会无法提供任何别的可能性，这些元素会导致一些突然的“边缘性”退行，回到“我”的意识之最早的冲突经验，几乎像是绝望地试图自我重生。

同样地，认同建构时不可能没有一些角色否认，特别是当现有角色危害了年轻成人的潜在认同整合时。角色否认能帮助我们理清认同界线，唤起一些具有试验性质的忠诚，之后我们可以通过适当的仪式化或者仪式行为，“认可”这样的忠诚，并将其转化为持续的从属关系。有些角色否认并不会因社会变迁而消耗，因此要在变动环境中持续适应，多半只能依靠那些忠心的反抗者，他们拒绝“适应”“环境”，为重建仪式化的完整性散播愤怒的种子。没有这些部分的话，心理社会变化就会陨灭。

总结来说，自我认同建构过程是一个进化的构成，逐渐整合环境条件、特殊力比多需求、偏好的能力、特殊认同、有效防御、成功升华及一致性角色。这些必须来自个体潜能、世界科技观点、宗教和政治思想的互相适应。

当青少年初次试图将与同年龄者的互动仪式化提升至小群体仪式时，这个阶段的自发性仪式化显得令人惊讶、困惑，而且恼人。他们也开始参与在体育场、演唱会、政治和宗教场地举办的公众活动。年轻人借此寻找思想上的认可，在此自发性的仪式和正式仪式结合了。这种追寻也可能导致他们狂热地参与以极权主义为特点的好战仪式主义。他们对世界的印象如此虚幻，以至于失去自我创新的能力，盲目地相信破坏。

在青少年期及其之后，甚至是在更长的学校和大学期间，在我们看来，是心理社会的迟滞期：在此时期，性和认知成熟了，但被核准延缓做出最终承诺。这段时期提供给了人们角色试验的余地，包括性角色的试验，这些对适应社会的自我创新能力很重要。稍早的学龄期是性心理迟滞期，因为这个时期开始的时候，正好是精神分析所称的“潜伏”阶段，婴儿性欲在此休眠，性器官发展也延后了。未来的同侪和家长首先需经历社会所提供的学校教育方式，学习工作环境所必需的技术和社会基础。我们称这个阶段的心理社会危机为“勤勉与自卑”——首次基本感觉能适应工具世界的法则，以及有计划的合作规则。儿童在这个阶段学习如何喜欢学习以及游戏——急迫地学习那些关于生产本质的技术。这种工作角色的阶层，已经通过理想典范而深植于借由游戏而学习的儿童想象中，无论是真实的还是虚构的，都呈现在成年指导者、传说、历史和小说中的英雄身上。

相对于勤勉，我们提出自卑概念，这也是必要的不和谐元素，协助我们达成最好的成果，即便它可能（暂时地）困住那些较差的工作者。自卑是这个阶段的主要病理，它包含最为宿命的冲突，这驱使儿童过度竞争，甚至导致退行——这代表婴儿—性器官发展和俄狄浦斯冲突的复活，他们会沉溺于幻想冲突性人物，不愿意面对真正能帮助自己的周遭他人。然而，这个阶段发展的基本力量是能力，意指在成长中，人类必须整合所有确认和驾驭真实性的成熟方法，并和同一个生产环境中的合作伙伴分享现实。

我们现在试图指出本能力量与器官模式在心理社会阶段和世代交替中的会合点。首先我们强调一些发展原则，建构的过程中需要认识一些跨领域的部分。虽然我们不能坚持一些绝对的阶段数目或者用语，但是当确认整体概念时，我们很清楚地仍然依赖一些原则，在此略过不谈。

从心理角度来说，认知成长具有确认的力量，能够提炼和延伸每个阶段的能力，精确和概念化地和真实世界互动。这是哈特曼所称的不可或缺之“自我—组织”。这个概念能追溯到皮亚杰论述的智力 “感觉—运动”层面与婴儿期信任的关系；“本能—符号”之于游戏和主动；“具体—运思”表现之于勤勉；最后，“形式运思”以及“逻辑操控”之于认同发展。皮亚杰很有耐心地聆听我们在早期跨学科会议的概论解释，稍后他承认起码他的阶段和我们的阶段并没有冲突。格林斯潘认为，“皮亚杰同意埃里克森延伸弗洛伊德理论至心理社会模式”。他引用皮亚杰所说：“埃里克森阶段论的优点在于，他借由将弗洛伊德的机制定位在一般化的行为（走路、探索等），试图假设在先前序列阶段所获得的部分会持续整合。”

勤勉是学龄期的掌控能力经验，其相对者是自卑，它持续威胁着要麻痹个体具有生产力的生命。当然，自卑与前一个阶段的抑制和游戏有宿命的关联。

学前期的日子

在讨论渐成说、前性器期和仪式化的关系时，我已经谈过儿童阶段，在此只针对其对立和相异点做总结。

让我们回到学前期，主动和罪恶感的对立造成危机。我们只能重申，游戏对于之后每一个阶段都是必要元素。当俄狄浦斯情结强烈限制儿童面对父母角色的自主性时，成熟的游戏可以通过很多想象认同和行为，建构微领域里的戏剧，以释放孩子。此外，学前期“发生”在学龄期来临之前，因为它提供了规范好的工作角色，对于青少年来说，可以在此时试验不同的认同可能。用俄狄浦斯的故事解释这个阶段并不是一个巧合，因为该故事具备神话性，并且适合舞台演出等，这些都被证明是在所有艺术中表达人类游戏终生力量的最佳典范。游戏具有各种幽默感，是人类能够调笑自己和他人的天赋。

正因为如此，抑制成为学前期主动的对立概念——一个如此具备游戏性和想象性的必须对立。抑制也被证明是日后心理神经干扰（歇斯底里）的主要病理，它根源于俄狄浦斯阶段。

学前期的前一个阶段是肛门期，此时产生的冲突，首先被发现是“冲动—神经紊乱”的婴儿期的“固着”点。从心理社会的角度来说，我们认为这是“自主与羞愧和怀疑”的危机，解决此危机可以产生一种发展未完全的意志。当我们看这个阶段的前后位置，就会发现从发展上来说非常“合理”，因为除非我们能从依赖口腔知觉的状况下，一跃到“肛门—肌肉”的“自我—自主”阶段，甚至到具有一些确定的自我控制阶段，否则自主不可能被发展出来。我们之前谈过儿童可能会交替于意志冲动和盲目强迫之间。他们有时会认同自己的叛逆冲动，采取独立行为，或者强迫自己听从别人的意志，而再次地依赖。为了平衡这两个倾向，发展未完全的意志，会协助自由选择和自我限制两个倾向的成熟。人类必须在早期就尝试决心做可以做的，放弃做（不值得下决心）不能做的，并相信他已经决心去做不可逃避以及法律规定的事情。无论如何，双重（保持和删除）模式主导了这个阶段，意志的对立是强迫和冲动，当两者加剧或者形成连锁反应时，意志会被摧毁。

即便从倒推的顺序来解释，我们也可以很清楚地了解成长是随着渐成说的步骤，没有哪一个阶段和力量可以缺少前一个阶段，没有“自然”危机，就不会有下一个阶段的重建潜力。因此，希望在儿童期时已经有了意志作为元素，但在当时还不能被挑战，一定要等到儿童早期时的危机降临。另外一方面，看“最终线”就可以知道婴儿的希望在当时已经萌芽，最终成为信仰——虽然那样较难抵挡婴儿期的狂热拥护者。另一方面，老子的名字不就代表“老小孩”吗？而且是指留着白胡子的新生儿。

我们说过，希望从“基本信任与基本不信任”的冲突中产生。简单说，希望就是单纯的未来。在不信任获胜时，认知和情绪的期待都会衰落，但是在希望获胜的地方，我们会将重要他人的神圣印象转换为许多不同形式，经过中间阶段，一直到面对终极他人——不论是以何种崇高的形式——也会隐约承诺将会永久收复几乎失去的天堂。同样地，自主和意志，勤勉和目标，都朝向一个无论是在游戏上还是在工作上，都开放个体经济、文化、历史领域选择的未来。认同和忠诚必须开始承诺选择一些有限的活动和价值组合。青年与既有的思想联合，开始思考广泛“救世”和“毁灭”的可能性。青年人的爱，是由想象自我能力和互助的梦所启发的。成年人的爱和关怀具有一个最关键的中年元素，也就是面对已做的选择后所剩下的狭窄可能——不论是命运还是自己选择的。现在的条件、环境和周遭，就是一辈子只有一次的现实。成年人的关怀，必须一生专注在已经做的或者是被命运强迫的选择上，并且配合当时的科技环境需求。

渐渐地，随着每一个新的力量的诞生，一种新的时间感伴随着不可动摇的认同出现了：逐渐成为那个被塑造的，最后成为那个已经成为的。利夫顿曾经阐述过生存者的意义，但个体在成年时也必须理解（如同拉伊俄斯[①]），创造者会

① 拉伊俄斯：希腊神话中俄狄浦斯的父亲，意外地被俄狄浦斯杀死。

因为其创造物而存活。这些概念并非太过意识性，相反地，生产、繁衍阶段伴随着暗地里威胁的颓废延迟，都具有终极蔑视死亡的特征。青年人，以自己的方式，比成年人更在意死亡。成年人忙着“维持这个世界”，参与盛大的宗教、艺术和政治仪式，这些都将死亡神秘化和仪式化，赋予它仪式意义以及社会表征。青年人和老人梦想着重生，成年人则忙于照顾真正生下来的，并得到热闹和时光飞逝的历史真实作为独特回报——这种感觉对于青年人和老人很不真实，因为它否认不存在的影像。

读者现在可能想要再一次检视表2的分类。每一个心理社会阶段，“在”一个心理性特征（A）和延伸的社会范围（C）之间，会有一个中心危机（B），在此发展和谐元素的可能性（从基本信任[I]到统合[VIII]），必须有相对的非和谐元素（从基本不信任到衰老绝望）抗衡。一旦解决每一次的危机，都能产生基本力量或者自我特质（从希望到智慧）（D），但这些力量也会有对立者（从退缩到轻蔑）（E）。和谐与非和谐元素，以及共感与对立的潜能，对于人类的适应能力都是必要的，因为人类并不像动物一样，只需要发展对自然环境的本能适应能力、具备明确而与生俱来的正面和负面反应能力即可。人类必须经过儿童期长期引导，发展爱和侵略的本能反应模式，以适应具有不同科技、风格、世界观的多元文化环境。这些都是为了能符合哈特曼所提出的“一般可预期的”条件。但是，当不和谐元素和对立力量超越和谐元素以及共感力量时，便会发展出特殊的病理（从精神病性退缩到衰老性忧郁症）。

自我统合和社会风气都支持和谐因素和共感倾向，虽然同时也试图在人类动力的大版图中包容一些不和谐元素和对立倾向。但是这些不和谐元素和对立倾向，还是持续地威胁着个体和社会秩序，因此历史上的包容性信仰体系（宗教、思想、宇宙理论）都试图普遍化这些共感倾向，宣称优质的“内部者”都具有这些。反之，这些信仰体系成为每个人发展社会风气（包括“礼仪和习俗，道德态度和理想”）的必要部分，并通过根据年龄与阶段的日常仪式化来传递这些本质（G）。信仰体系借着每个人成长的力量，使所有原则重生（从超自然到哲学）。当自我和社会风气丧失其内在联结时，这些仪式化就可能面临瓦解威胁，成为垂死仪式（从偶像主义到教条主义）（H）。因为发展的根源相同，个体的核心干扰和社会仪式主义会有时间序列上的关联。

每一个新生人类都会接受而且内化社会秩序原则的逻辑和力量（从宇宙到法律、科技到思想，以及其他）（F），在适合的条件下发展齐备之后，会再传递给下一个世代。这些是发展和探索的必要内建潜能，即便在日常的临床经验和一般观察中，我们会相当容易面对因为个体危机未解决所引起的症状，以及仪式化解构造成的社会病理。

这带领我们接近一个被忽略的互补研究：社群政治的制度结构和机制。的确，我们试图解释每天的仪式化，以为个体发展和社会结构具有联结：其中的“政治角力”，在任何关于亲密社会互动的记录和案例中都非常明显。顺带一提，我们已经联结信任与希望所衍生的特殊力量与宗教的关系，自主和意志之于法律，主动和目的之于艺术，勤勉和能力之于科技，以及认同和忠诚之于思想秩序。在既有系统和时代的条件下，我们必须依赖社会科学带领个体、社会精英和有力团体，维持、重建或者取代生产和政治生活中包罗万象的社会风气，支持成年人的生产、繁衍潜能，以及支持正在发展中的继续成长发展。在我的作品中，我只能介绍两位宗教—政治领袖——马丁·路德和莫罕达斯·甘地是如何面对生命以及生命中的危机阶段的，他们将个体危机转化为精神和政治革命，改变那个时代的整体命运。

就是这个原因将我们引导至心理历史研究。在为这篇文章做结论时，最恰当的就是问：精神分析方法是如何从心理社会洞察中得到结论的？相反地，通过心理社会洞察又能得到什么？这个问题带我们回到整个论述的开端。

第四章

自我和社会风气：结论

自我防御和社会适应

在《自我与防御机制》中，安娜·弗洛伊德只处理一个特殊问题，那就是自我通过各种方法和企图，抵抗不愉快和焦虑，练习控制强迫性的行为、情绪、本能渴求。因此，各种无所不在的防御，例如压抑和退行、否认和反向形成，被视为是“内在经济”的现象。一九七三年二月，在费城一个回顾安娜·弗洛伊德著作的公开讨论会上，我们有机会讨论防御机制的社会和社群应用。我们要问：防御机制可以被分享、可以为有相互关系的人们与社群生活提供生态学价值吗？

安娜·弗洛伊德的书中很清楚地传递了这个潜能的信息。当然，最明显的是个体防御机制和社群庞大仪式性防御之间的相似性。比如说，“认同侵略者”：有一个小女孩——因为某些真实的原因——非常怕鬼，而且会用一些特殊姿势试图挡鬼，假装自己就是那个可能在大厅中遇到的鬼。我们可能会认为“儿童的游戏借着改变主体为可怕的客体，将焦虑转化为愉快的安全感”。相对地，纵观整个文化历史，所有“原始驱灵的方法”，都是去扮演那些最侵略性的形象。

安娜·弗洛伊德曾报告在一所特定学校中所观察到的现象：对现代化的追求已经将学校的程序再仪式化（我们可以这么说）了，学校“比较不注重课堂教学”，而侧重“自我选择的个体功课”。立即就有一些受到惊吓和压抑的新的防御行为，出现在一些本来很有能力而且受欢迎的儿童身上：这些已经改变的外在要求似乎威胁到他们的高度适应性。安娜·弗洛伊德认为虽然每一个人都是诚实地涉入了这种共有的防御，但是当学校放弃这些任性的仪式化后，这些防御马上就会烟消云散。从长远来看，这种共有防御对于社会机制有什么影响？会成为习惯而永久地改变人格和生涯，甚至群体生活的本质吗？

最后，我们要再一次探讨这种青少年防御机制的社会意义，如同理智化之于青春期——也就是过度沉迷于理想（在当时的维也纳），包括“追求外在世界的革命”。安娜·弗洛伊德诠释这是年轻人在防御“知觉到本我的新制度要求”，即内在本能的革命。这无疑涉及性心理的层面，但它解释了青春期出现和共有的理性防御，这来自这个阶段获得的认知能力，以及适应当时理性社会风气的仪式化结果。事实上，社会过程必须承认、依靠这种青少年过程（包括定期出现的过激行为），都是为了重新适应变动中的社会风气。

这么看来，防御机制不单因为个体本能而生，当防御机制相对运作较好的时候，也会出现在个体、家庭和更大团体的仪式化互动中，被共有或对照。但是当它虚弱、死板、孤立时，防御机制就如同个体化和内在化的仪式主义。

安娜·弗洛伊德举了自己当老师的例子，以及“强迫性家长的强迫性小孩，是否会因为模仿或者认同而出现强迫性机制；当他们和家长共同面对强烈虐待倾向所带来的危险时，可以独立于家长之外，使用适当的防御机制”。

我和我们

讨论自我防御让我们回到了自我心理学那个时代。如今，我们在面对自体心理学时也有着类似的抱负。矛盾的是，当我在讨论心理社会理论时，没有办法不探讨对于人类来说最个体化、对于群体意识来说最基本的“我们”。我的意思是，“我”这个意识，是个体被赋予语言后，对于身为知觉和思考主体的中心意识，它可以面对自体（这是被构成的，事实上我们有好多个自体），并建构一个无意识自我的概念。我认为，自我统合模式建构了可行的防御，对抗和修复所谓“我”的意识中那些不想要的冲动和情感。这些实际上存在的模式将被讨论——也就是中心和主动、完整和觉察的意识——因而克服边缘化、失去主动、片段和被遮蔽的感受。

但这里有一个知性追求上的奇怪盲点。“我”是一个明显存在、人格学上的存在、语言学上也实质存在的事实，却很难在辞典和心理学教科书中被找到。但对我们来说最重要的是在精神分析文献中，弗洛伊德原始使用德文的“我”，习惯上被翻译为“自我”。德文中的这个“我”，最清楚的意思就是“我”（I），特别是在弗洛伊德解释我是“所有意识仰赖”的“直接”和“确定”经验。这不只是简单的双重意义，而是代表一个决定性的概念。无意识一定要通过直接和确定的意识才能被理解——意识在经历演化和历史过程之后，到达必须通过理性方式面对自己的境地，开始发现自己对于无意识的否认，并且学习研究后果。对于弗洛伊德来说，这些元素的意识，是一种他认为理所当然的人类首要事实，而且在当时，他断然拒绝思考这个部分。想到他对于美学、道德和科学的关注广度和热情，人们一定会觉得他独钟于无意识和本我，近乎像苦行者一般，投入研究这个对人类动机最含糊不明、但是最重要的部分。他为了让无意识产出任何事，只好引用游戏式的构成方法，例如“自由”联想、梦或者游戏本身——这些都是觉察的特殊方法。同时，系统性的解释是为了延伸意识。弗洛伊德曾经在一个特别的片段中称意识为“闪耀的光”。很典型地，伴随这个极为宗教性的表达，他讽刺地形容意识为：“可以说意识对于我们的生命来说实在不值什么，但那是我们仅有的东西。没有意识所赋予的光明，我们一定会迷失在深度心理的朦胧中。”但是他用的“光明”这个词，却又被翻译为“启发”（illumination）。

弗洛伊德用严格而苦行的规则规范了精神分析技术，剥夺了一般社会接触的特性，用自我观察的“我”和共享的“我们”去研究无意识。这被证明是一个冥想过程，可以为那些感觉纷扰不堪而需要、感到好奇而想要，或者足够健康而“得到”的人，寻找那些前所未闻的疗愈自省能力——这是个拣选过程，让接受精神分析者在某些社群中感到自己成为一种新的精英。但是对于“我”和“我们”更为系统化的研究，不只需要理解心理社会现象，还必须真正熟知精神分析学。我当然知道，语言上要解释“我”，就像是解释自我（the ego）和自体（the self）一样困难。然而，的确要有“我”的觉知，才能认知“我自己”，或者一系列的我自己。当所有不同的自我经验有共同之处（真是救恩）时，即“我”的意识具有连续性，才能经验和觉知他们。因此这个“我”是简单的语言保证的基础，每个人都是宇宙交流经验的觉知中心，是一个超自然的中心，以至于它成为一种活着的感觉，甚至是一种存在的最重要状态。同时，只有当两个或者更多的人分享同一个世界印象，并能联结他们的语言时，才能将他们的“我”转化为“我们”。当然，重要的是去勾勒出发展上的脉络，其中代名词——从“我”到“我们”到“他们”——赋予它们对于器官模式、位置和知觉模式，以及世界观的“空间—时间”特征以完整意义。

对于“我们”，弗洛伊德谈到“每一个人与基督之间的那个联结，无疑地也将他们每一个人联结起来”。之后，如我们所看到的，他定义教会和军队为“人工”群体。事实是，所有兄弟和姐妹情谊的认同，都仰赖一个对于魅力人物的共同认同，从家长到创立者到神。因此当耶和华在西奈山上被摩西问到，要怎么回答人们“他叫什么名字？”时，他介绍自己为“我是自有永有的”，并建议摩西告诉人们“那自有的打发我到你们这里来”。这里的存在意义，无疑对于一神教具有革命性意义，并延伸至宗族和君主概念。

在此，我们再度想起新生儿和重要他人（母性）之间第一次互相认知所带来的终生力量，这力量最后会转化为对终极他人的“他会向你仰脸，赐你平安”。我们可以再次根据发展阶段来研究在既定语言中，“我们”的父亲关系、母亲关系、兄弟关系、姐妹关系所代表的意义，分享一个至真的共同认同。但这时必须修正一个关于真实的中心概念，如同我在一开始抱怨的，真实太常被视为一个需要去适应的“外在世界”了。

三重真实

自我当然不是弗洛伊德所发明的概念和用语。在学术上，自我代表身体和灵魂的结合，在哲学上则代表意识经验的永久性。威廉·詹姆斯在他的信中认为“概括性的自我创造了时间和空间的延续”，而且谈到“自我的积极压力”代表主观的健康。在这里，詹姆斯（他非常熟知德文）所说的主观的“我”，等于无意识的内建“自我”。但这显然是自我的无意识用来融合经验的功能。这么一来，我因存在而确保中心性。因此自我可以像一个行动者般积极感受到事件流动，不用当一个无能的受害者。积极和创始，而不是呆滞（这个词要比“消极”好，因为消极可以是一种积极的表达）；中心和包容，而不是被挤到边缘；选择而不是被覆没；觉知而不是惊恐。这些都解释了一种在自己的时间和空间里活在当下的感觉，但不知为何，即便是自己选择的，我们却觉得自己是被选择的。

到现在为止还不错。但是当我们随着人类的发展度过一生，就会发现人类的问题在于，我们将这么基本的中心知觉，仰赖于在跨越每一个阶段时日益增加的其他人。有些人因为和我们靠得近，可以在某些人生重要片段被我们认知为“他人”。但大多数的时候，只是一群不相关的人试着通过分享来确认他们的真实感，即便这没有被强加在我们身上，但他们也会试着去定义相对于我们的界限。基于心理社会的因素，这还不足以说明自我对于外在真实的适应。所有的人类适应都充满冲突，当自我被告知去主导适应时，它已经吸收了适应经验并内摄了强烈的认同。事实上，弗洛伊德用来形容真实的德文词语通常被翻译为现实，这个词有广泛、积极和互动的意义，也有是什么在“运作”的意思，而我认为它应该有“相互活化”的意思。

真实必须具备很多个不可或缺的部分。在精神分析的脉络中，这些互相依存的部分都是人类特有的本能性——相对于动物的本能性来说。人类的情感力量在发展时任由自我支配，逐渐成熟后浸入现象和社群世界中，这正是人类特有的存在方式。因此儿童可以说是学习去“爱”事实，它可以被命名、确认、分享，反过来还可以满足这个“爱”。

成熟的真实感所不可或缺的三个部分中，事实的真实性最常被强调——在既定的认知发展阶段上以及科学技术条件下，以最低限度的扭曲或者否认被感知，并获得最大限度的可能验证。

真实的第二个意义是一个有说服力的连贯性或者顺序，让我们知道事实（可能多少有点惊讶），进而理解它们的本性：一个可以被使用同一种语言或共有同一种世界形象的人所共享的真实价值。“可信服的”这个词似乎很适合形容这一面向的真实[1]。另外一个用语是比较可视化的脉络性，因为事实交织而给彼此启示性的意义。只有维持三重真实和主要发展阶段之间的有意义联结，社会风气才能确保其自身从足够多的参与者那里得到最大限度的能量。

真实作为一个独立的世界观（虽然被文明地称作“生活方式”），最佳的状态就是包容所有概念，有规划地专注在一些已证明的事实上：解放一致的概念以强化脉络性，借着强烈的工作承诺具体化伦理的合作关系。

世界形象最终要随着每一位个体成长，并且在每一个世代都必须被更新。我们现在可以重新审视我们的章节，从器

① 爱因斯坦曾经说过要“理解一个物质上的物体”，代表着认为它有“一个真正的存在”。接着他又说：“知觉所经验到的世界是可理解的，这个事实是一个神话。”

官模式到姿势到知觉模式，还有从人生必经的危机到心理社会发展的对立元素，然后我们要试图指出世界形象是如何为这所有的经验提供一个普遍的关系和意义的。唯有如此，当个体的“我”的成长超出最早期的身体经验——超出我们称为自恋的早期本能发展——时才能学习拥有并且分享对于世界的些许定向感。任何对于世界形象的研究，必须从每一个“我”对于基本空间—时间定向的需求开始，接着要去研究社群如何提供一个具有不同观点的网络（例如每天的进程和每年的循环），如何分工以及分享仪式活动，甚至是如何设置限制与“界线”。对于凯·爱利克森来说，那就是外在与他人的开始处。

当我自己描述这些概念时，开始用的是非系统化的方法。我当时试图勾勒在美国的生活方式下逐渐成长的观点，我相信临床精神分析观察可以对于每个人在建构和改变世界观时拥有的深层无意识和前意识提供主要洞察。对应内建的冲突和破坏性对立，我们可以研究可能互补的生理、社会和自我组织。尤其是在不同的历史背景下，精神分析若越来越能够体认自身历史，以及其在思想和伦理上的含义，这些研究就更能开花结果。但是只有新的文化历史，才能够展现个体发展的所有细节，展现个体是如何延续或者偏离宗教信仰系统的既存循环、政治和经济的历史假说，以及科学理论的经验意义。

社会风气和伦理

早期精神分析对于自我和社会风气关系的最详细论述，应该是弗洛伊德的《精神分析新论》：通常，家长和权威者都会顺着他们的超我认知来教育儿童……因此儿童的超我其实不是建立在父母上，而是建立在父母的超我上：它们的内容都是一样的，都成为传统的工具，带着不变的价值判断，传递了一代又一代。

我们在这里可以看到，弗洛伊德赋予每个人的超我一些历史过程的部分——内在机制对我们的内在生命施加道德压力，使得自我只好防御自己，以免因为内在压抑而麻痹。弗洛伊德之后在“历史的物质观点”中谈到他强调政治压抑，认为“人类思想”不过是当代经济条件的产品以及上层建筑：

> 那是事实，但不是全部的事实。人类从未完全活在当下。在过去，种族和人们的传统借着超我的思想存活，并慢慢屈服于现在和新变化的影响；只要它通过超我运作，就能够在人类生活中扮演重要角色，独立于经济条件之外。

这个说法对于心理学研究的革命力量和方法影响非常深远。但最为惊人的是，文中建议，在重建内在个体动力时，精神分析工作者可以而且应该将超我的功能视为传统媒介，特别是其拒绝改变和自由的部分——这个建议开启了反映内心冲突的主要历史倾向，主导了精神分析研究。然而，从发展的角度来说，我愿意强调：在超我里面残留的童年，如同弗洛伊德所说的，不只反映了现在的思想主义，也反映了那些已经成为道德主义的部分。对于超我来说，平衡幻想的俄狄浦斯阶段和“主动 与罪恶感”的婴儿期危机阶段，尤其需要强调一个禁止的网络，用以围堵个体过于贪玩的主动，并帮助其建立一个基本道德或道德倾向。

如同我所指出的，我认为青少年这个人生阶段，在认知和情绪上，对于新思想、新意象都极为开放，这易于鼓舞幻想和新世代力量。依据当时的历史时刻，这会认可或者反对既有秩序，又或者会承诺未来的秩序，会更为激进或者保守，借此克服认同混淆。在此之后，我们视成年期——刚好超越婴儿道德主义和青少年理想主义——有能力在道德感和该阶段的生殖繁衍行动之间达到一致，也有能力配合历史现实，具备必需的成熟视野以计划将来。即使是革命领导者也必须借着坚实的道德观念以及伦理考虑，去发展和实践他们的理想。（我们的发展观点是，生殖的伦理会建议一些新的黄金法则：帮助他人成长，就像那能帮助自己的成长一样。）

在此顺带一提的是，我们最好记住，在描述专为人类道德、思想、伦理的仪式化所保留的阶段时——亦即儿童期、青少年期、成年期——会有三种仪式主义的相对应危险：道德主义、极权主义、权威主义。我们最好再次复习所有义务，以能渐成地想象所有发展和生产、繁衍的因素。

表4 仪式主义的相对应危险

	1	2	3
Ⅲ			伦理的
Ⅱ		思想的	
Ⅰ	道德的		

伦理和思想的特征可能存在于道德中，就像是道德和伦理的特征也在思想中。因此伦理中带有的道德和思维模式，绝不是“婴儿”或“少年”的残留，只要它们在时间的历史相对性中，能够保有成为一种特定生殖成熟性的统合部分的潜能就好。

精神分析方法的历史关系

在结语中，当我们再次回到精神分析时，必须记住其两个密切相关的功能：一个希波科拉底式的誓言，目的是将成年人（不论是病人还是实习生）从儿童期的压迫、压抑焦虑，以及这些对于其生命和人格的影响中解放出来；一个教条，也是一个研究方法，独特地揭露人们在种系发展史和个体发生中，固着于过去发展的部分。有趣的是，我们可以从这个关联中发现，十九世纪存在一种致力于追寻全人类的成熟的社会风气。卡尔·马克思在一八四四年的手稿中谈道：就像自然的所有东西都必须“成为”一样，人也有他“成为”的行动和历史。关于成为的行动，马克思也用“成因行为”这个词，代表主动“衍生”“站起来”“成为”，代表人类即将成熟。弗洛伊德用了一个乌托邦式的说法表示：“我现在要补充，文明是服务生之本能的过程，其目的首先是为了结合个体，之后是为了结合家庭、种族、民族、国家为一个整体，人类的整体。”这样一个需要人类整体的成熟才能达到的未来，似乎弥漫着弗洛伊德的系统性假设：人类必然对婴儿期的、原始的和过去的情绪和形象有压抑倾向；未来人类受到这些“前历史期”固着的启发，也许较有机会成为一个成熟的人，以一个人类物种的自觉行事。用我们的术语来说，这代表一位成年人会克服假（准）物种形成，想像人种的分裂，借由合理化憎恨的道德基础，提供成年人对他人的拒绝。这种“物种化”支持超我最为残酷和保守的属性，曾经被用来加强最狭隘的部族意识、种姓制度、国家和种族认同，我们要理解在核武时代，这是有可能威胁全体人类生存的。

在此脉络下，“生之本能”这个短语再次强调了以下事实：精神分析理论的开端，就在于假设所有的人类本能力量都有助于博爱。但它也强调了另外一个我们几乎遗忘的事实：其他统一人生的原则掌管事实的认知结构——在科学和技术首次能够提出一个真正普遍和完整的物理环境模型的今天，这样的主题更为重要。然而，从严格的逻辑和科学原则来说，科技所想象的以及媒体所戏剧化的世界，可能会变成完全虚构而不堪计划的幻影——这样的幻象对于我们这几页所强调的危险（不和谐与对立的倾向会危害有机体的存在以及心灵生活所依赖的社群秩序）完全不以为意。人类心灵的艺术与科学层面，必须具备发展性的倾向，或者我们应该说是“生命—历史”倾向，以及特殊的历史性自我觉知。如同历史学家柯林伍德所说：“历史是心灵自身的生命，但并不是心灵，除非它活在历史过程中，同时知道自己是这么活着的。”这些话总是这么打动我，因为它彻底地适用于精神分析方法。为了准备爱因斯坦一百周年纪念活动，我尝试制定了允许和需要特殊相对性的系统性知觉的精神分析观察方法。

相对论这个概念是自然科学的革命性进展，它在认知和伦理上的意义乍看似乎威胁到了既有的世界观，但其实它再度确保了“我”这一意识的基本特性。举一个例子，哥白尼扰乱了人类（以及地球）的宇宙中心地位——这一中心地位无疑曾受到每一个“我”对于中心位置的自然意识的支持。但最终，这种多重启发会带来激烈地再定向，再度确认人类的适应能力，并激发一个更理性的、更核心的、更有启发性的社会风气。相对论也是，其一开始的相对意义让人无法忍受，似乎动摇了人类“立足”的基础。但是它却开启了一个新的远景，让每一个人在基础相同的情况下“调和”相对立场。

相对地，弗洛伊德应该自豪于他在人类意识边缘的偏远位置设定了“本我”（“一大锅”驱力）——为了那些被他称为“平等尊严”的力量（当时最被人熟知的自然的能量转换）。现在，我在“百年纪念”中指出爱因斯坦和弗洛伊德不信任彼此的方法。但其实（起码对我而言）在相对论原则中，爱因斯坦最喜欢举的例子（移动中的两辆火车之间的关系），便可以应用于弗洛伊德的基本方法。

我认为我们可以视精神分析的情境为一幅画：精神分析师和病人的心灵共同运作，如同两个“协调系统”在相对地运作。看似平和但非人性的精神分析情境，其实允许、强化了病人的“自由联想”，让病人用各种速度在遥远的过去、眼前的现在、恐惧或者期待的未来中移动，同时在实际经验、幻想和梦境的边缘游走。病人受苦的症状“泄漏”了目前的某些阻碍，这也涉及固着于生命早期阶段的核心病理特质。因此，自由联想可以激发被分析对象去唤醒和激活那些用象征伪装的冲突，这些冲突是前一个阶段或发展状态所固有的。然而，直到病人在幻想和想法中透露出了他对精神分析师“转移”的某些记忆中的、非理性的早期印象以及情绪，精神分析师才会清楚这一切的意义。

反之，精神分析师经过“精神分析训练”，教育他一种永久但（最好能）有纪律而不显眼的觉察，观察自己的心灵摆荡于发展和历史的时间中。当精神分析师根据对病人生命基本方向的认识，而审视病人的语言表述，此时分析师持续观察病人的现在状态与过去冲突，对分析师自己生命情境中的回响，并唤醒过去相对应阶段中的情感和印象——简言之，治疗师的“反移情”。这种复杂的互动不只具有启发性，也可以监测（并从中学习）聆听者自己的习惯性幻想，与病人的否认之间所可能产生的任何无意识共谋。

但是在各自的生命循环中移动时，相对于身处不同的社会和历史倾向，分析师的诠释思考也会受到精神分析在过去和现在的概念的影响，包括分析师自己的“世代”位置，介于他或者她所接受的分析训练和周围有影响力的人和学派。分析师的理性反思，在本质上与分析师作为一个工作者和一个人的发展有关。每一个旧或新的临床和理论模式或“版图”，都是临床本质的一次有意义跃进。

唯有学习保有潜能——如同我说的，不显眼的——觉察主导这些相关变迁的相对性，精神分析师才有希望接触到疗愈和启发的洞察，也许能引导出适合治疗时刻的诠释。这些诠释多半因为其绝对独特性和合理性，会使得分析师和病人都非常惊讶。通过在治疗环境下理清病人的生命，诠释借由扩展病人在发展和历史上的洞察而促成疗愈。

我鲁莽地将爱因斯坦和我的领域连在一起讨论，是因为耶路撒冷举办的百年纪念，要求每一位参加者这么做。对我来说，诸如此类的取向是一种新观察方法本质的一部分，将古老的同理法系统化，让无法接触的两者能合法互动。在临床应用上，我们现在认为治疗者和被治疗者原则上应该分享——也的确可以分享——观察关系时泄漏的人类动机法则。同时，这也是新类型生活史观察和历史洞察的一部分，被融合到了现代人的社会风气之中。不论治疗过程是否被极度专业化，相关领域的工作（例如历史学、社会学、政治学）也已经慢慢进入每天的生活之中。

本书从我在维也纳接受训练时的纪录开始，特别着重于治疗事业的精神。我可以再次提到1979年在纽约举办的国际精神分析学会来做结论。我除了针对生产、繁衍做演讲，也参与了一个公开讨论会，谈论移情与人生阶段的关系。参与者包括彼得·纽鲍尔，彼得·布罗斯，波儿·金，依序讨论儿童、青少年、成年的移情模式——包含中年和老年。在此仅提供我的一些看法。

精神分析在面对成年人和儿童时，最经典的不同在于，因为儿童的人格尚未成熟，没有办法安静平躺着做系统化的回顾，因此分析师只能顺着他们的互动、游戏或者说话来工作。他们已经被证明没有办法发展系统性移情，更别提成年人治疗时最具启发性的“移情—精神官能症”了。现在似乎有些“成人沙文主义”，会抱怨儿童无法发展“移情—精神官能症”。但儿童怎么能、又为什么应该一方面能经验现在，另一方面又能借着多重学习功能而将经验通过游戏表达出来呢？至于他们的婴儿期依附，安娜·弗洛伊德曾说过，主要是因为她的书第一版还没有完全卖光，不然她只会谈“不同的移情反应”。儿童对于早期家长形象的固执共生欲求，只会偶尔出现“移情”，所以我们一定要记住，儿童基本上会继续学习运用其他的成人——祖辈或者邻居，医生或者老师，去得到额外的照顾联结。有时候，我们会简化儿童病人所追求的是“客体—联结”（全然值得且会回应我们的爱的接收者），其实这其中必须包括世代之间的相互涉入——各世代的生活也正建构于此。

一位儿童病人，也许已经能理解分析师的角色，或者纽鲍尔所称的短暂移情关系，与分析师的合作联盟之间的联结。但是在讨论儿童和青少年精神分析中的移情时，我们很少认真考虑我们对于年轻人或者家长无可避免地反移情，这难道不是另外一种“成人沙文主义”倾向吗？

儿童时期所讨论的内容，在青少年期会以崭新而戏剧化的形式呈现。没错，性成熟已经在即，但是人格发展和社会地位却被刻意延迟（我们称为心理社会潜伏），这允许了一个试验社会角色的阶段，通过退行的重演或者试验性的预期，多半激烈摇摆于两极之间。演化逻辑在此非常清楚，青少年只有在找到自己的概括“确认”，和对于初步的友谊、爱、伙伴、思想的归属时——不论以什么顺序，才有可能得到心理社会认同。彼得·布罗斯认为这不只是发展的退行，而且是第二次的个体化过程。对于移情，布罗斯形容“青少年病人会主动建构，可以说是重新塑造家长的形象。通过分析师这个真实存在的人，他会直率地更正旧材料为新版本”。这为青少年病人的分析师带来双重角色，是借着对症下药的分析来治愈他们的分析师，也是一个谨慎而肯定的世代典范——导师。反过来，病人的第二次个体化，必须有承载友谊和交际的能力，代表能尊重和认可别人的个体化，以及建立相互的实现。

对于成年人的移情，我们必须要记得，一般来说，成年人不像儿童和青少年，他们必须接受传统治疗设定，因为那可以迫使他们接受特殊的安排：1.横躺的姿势（记住直立的姿势对于人类互动有多么重要）；2.避免面部表情和眼神接触（记住眼神和笑容对于互相确认的决定性影响）；3.没有交流的对话（记住对话之于“我”的互相描绘的重要性）；4.忍耐分析师的沉默。这些都是为了巧妙地激起病人通过记忆和移情，追忆早期婴儿时期的互动对象。难怪病人必须具备一定的健康（才能忍耐这些心理挫折）才能进行治疗。同时当然，这整个安排赋予分析师一种治疗威权，也会受到反移情影响，并且格外需要分析的洞察。

讨论成年期时，波儿·金谈到中年及其之后的时期。她指出，人依照不同的时间标准活着：时序性、生物性、心理性，这三者和我们的思想、身体和心灵对应得非常好。思想表达其在时序上的价值，身体掌管生物时间，心灵则掌管经历的时间。最吸引我们注意的（在这几页中，启发我们对于最后阶段的跨阶段探索）是波儿·金谈到后期的移情逆转，她解释："病人可能将过去生命的任何人物，移情到分析师身上，有时甚至跨越五个世代。但所有这些移情对象的角色必须被逆转，这样病人面对分析师时，才会感觉被他们治疗。"金也没有忽略分析老年病人时的复杂反移情："不论是正面还是负面情感，面对老年病人时，都会伴随非常激烈的移情现象，他们可能会激起分析师无法接受自己年老双亲的情绪。因此在分析这种病人时，分析师有必要面对自己对于父母的情绪，并用一种健康和自我统合的方式，接受自己的生命阶段以及老化的过程。"金也建议，如同前文已经说过的，老年病人很难考虑如何结束治疗：他们不得不受制于看似无情的时间的自作主张。

在所有的生命阶段中，病人的各种移情形式，似乎是在试图让具有生产、繁衍力的分析师，卷入病人再现的生命危机之中，借此修复之前被破坏的发展对话。不同世代在临床上交会的动力，很明显无法被厘清，除非研究分析师对于不同年龄病人的反移情。引用我自己的话："只有借着开放地接受病人现在以及过去的阶段，对于分析师相对应阶段经验的回响，才能真的理解世代对于精神分析工作的意义。"我在结论中强调这点，是因为我认为应该在比较被分析者与分析师的移情与反移情互动时，考虑到双方的性别和年龄在不同文化历史背景中的意义。弗洛伊德的革命性决定，让移情互动成为治疗情境中的主要议题，这使得临床和"应用"精神分析，成为研究人类发展的和历史的相对性的主要方法。也只有这种研究可以确认什么才是固定不变属于人类的。

这个有关基本精神分析情境的结论，只能解释我们在文章之初所说的，用相对论（以及互补论）去看我们日常工作最熟悉的部分，对精神分析的某些面向，要比理论建构者使用的因果或数据用语更公道。无论如何，很明显地，心理社会倾向很自然地融合于这种发展和历史观点，用这种意识进行临床观察，面对治疗不同年龄阶段和世界不同地区的病人时，可以标示出在变动的科技和历史背景下，人类基本力量和核心问题的命运。临床工作可以借此掌握历史变动的脉搏，增进全人类的意识。

第五章

第九阶段

导论

当我们用图表列出八个阶段时，似乎很明显地显示从婴儿第一天降临这个世界开始，就有这么多不同的阶段经历，没有一个阶段能够独立于社会条件和压力之外。

对于老年期也是如此，勾勒出一个时间表将有助于表达这个时期的人生经验和危机。人到了八十几岁和九十几岁的老年阶段，会有新的需求、新的挑战。必须要有一个新的第九阶段，才能适当地讨论和面对这些议题。我们必须通过八十几岁和九十几岁的人的眼睛，审视和理解这最后的人生阶段。

即便最会养生的人在此阶段也开始变得虚弱，不复当年勇。虽然人们努力维持力量和控制力，身体还是持续失去其自主性。在第八阶段偶尔出没的绝望，成为第九阶段的长伴，因为在此阶段我们根本不知道什么时候会发生紧急状况，或者什么时候会失去身体机能。当个体的独立性和控制权受到挑战，自尊和信心也会减弱。曾经供给坚实支持的希望和信任，也不再是往日的坚强支柱。用信仰和适当的谦卑面对绝望，也许才是最明智的选择。

我长久以来一直在审视人生阶段，了解到这八个阶段最先呈现和谐的一面，之后才是非和谐部分（例如：信任与不信任；主动与罪恶感与怀疑等）。和谐支持着成长和扩展，提供目标，表扬自尊，许诺所有的美好。和谐特质支持着我们，即便我们会受到生命中不和谐部分的挑战。我们必须知道环境有时候会任由不和谐主导，老年期无法避免地正是如此。在写第九阶段时，我将不和谐元素放在前面，是为了强调其显著性与效力。在任何情况下，重要的是记得冲突和压力是成长、力量和许诺的泉源。

我们最好把人生阶段表默记在心里，放在眼前也很好。让我们重新审视在每一个阶段中，年老者如何面对每一个和谐与非和谐元素，以及必须面对的压力。让我们面对这些阶段中扰人的不和谐元素，关注并审视它们如何出现在第九阶段。

希望：基本信任与基本不信任

幸运的婴儿们来到这个世界，带着良好的基因，有爱他的父母，甚至祖父母都已经准备好热情地迎接他们，极为喜爱他们。我们必须知道，事实是婴儿若没有基本的信任，便无法存活。因而，每一个活着的人都有基本的信任，也因此拥有某种程度的希望。基本信任支持着希望的存在，持续支持我们面对世界上所有的试炼和所谓的波折。虽然适当的不信任能保护我们，但是不信任会破坏我们的生活，剥夺我们对人类的爱和友谊。

老年人被迫不信任他们自己的能力。时间甚至不放过那些一直很健康而且锻炼肌肉的人，他们的身体就是会渐渐虚弱。面对着持续和加剧的瓦解，以及长期或突然间失去尊严，希望渐渐转为绝望。即便是日常生活的简单动作也显得困难和冲突，难怪老年人会疲累且往往感到沮丧。但是老年人还是接受太阳在晚上下山，并庆幸第二天早上它总会升起。只要有光，就有希望，谁知道哪个早晨会带来什么样的灿烂光明和启示呢？

意志：自主与羞愧和怀疑

所有的父母一定都记得，当他们的孩子很小的时候，大约两岁，他们开始变得惊人地任性，抓着汤匙和玩具，准备好要自己站起来。他们看起来是在游戏，但是态度坚决而且自我满足。他们就是要这么做，而且证明他们可以做到。意志越强，他们就做得更多。成长是如此快速而且带来满足，家长只能一面狐疑，一面希望孩子能成功。当然家长对孩子也有限制，当孩子失控时，家长有可能会变得没有安全感，而且失去自信，最后对自己的能力产生羞愧和怀疑。

当老年人不再信任自己对身体和人生选择的自主能力，他们会重新经历这些怀疑。他们的意志变得虚弱、受限而不足以提供安全感，也无法避免因为失去自我控制而招致羞愧。他们希望可以拥有安全和确定，但是可以确定的是：没有什么是一定安全的。

自主，记得这是什么样的感觉，总是那样的感觉，就是希望每件事都如你意。我猜这个驱力会一直持续到你咽下最后一口气为止。当你年轻的时候，所有的年长者总是强壮而更有力，而现在那些有力的都比你年轻。当你对于与自己有关或为自己所做的安排都那么要强而顽固的时候，那些更为有力的因素——医生、律师、你抚养大的孩子——会加进来影响你的决策。他们可能是对的，但就是会让你想反抗。羞愧和怀疑挑战着宝贵的自主。

目标：主动与罪恶感

主动代表向新方向移动。那可能是一段孤独但成功的旅程，或者是一个吸引别人兴趣和参与的行为。主动是勇敢和英勇的，但如果未达到预期效果，就可能带来强烈的失落感。若能持续下去，会感觉活跃而且热情；但煽动者通常会留下一种不足感和罪恶感。

年轻时担任领袖的老年人，通常会在之后避免过于激进主动所带来的罪恶感。就算你曾经充满创意点子，当过了八十岁的时候，那些都成为当年勇，远远看去，那显得太多又分散。目标和热情都削弱了，要能维持缓慢、持续而吃力的速度，已经需要付出很大力气。当老人已经无法负责那些看似令人满足和吸引人的计划时——即便只是对自己而言，这正是罪恶感蠢蠢欲动之时。

能力：勤勉与自卑

勤勉和能力是这个竞争国家、自由土地、创新之家的元素；要成为其中一员，第一个要求就是你会什么、你对什么有用处。我们的学校教我们如此展开人生，而我们很少能够恢复赤子之心，追求真正的原创。我们全都依照能力被分等。

写作是一个能力被评判的好例子。一个人可能有丰富的点子，甚至有能力用新的版本阐述旧的想法，但若缺乏能力写得清楚和说得明白的话，就一定会被评定为没有能力。人所做的或者所尝试的每一件事情，的确需要一个能力标准，以期能被接受或者被理解。并不一定要是原创或者创新的，但必须要有能力在我们这个现实世界执行。

你四十岁时的勤勉动力，可能已经是几乎被遗忘的记忆。你曾经那么自豪于自己的能力，这么有精力！那种迫切感已不复得，这也算是一种祝福，因为你已经没有那种力量追上当时的速度。然而当面对挑战时，你被迫接受自己的无能。没有能力了，因为时间也不多了。我们在年老时似乎成了不快乐的小孩。

忠诚：认同与认同混淆

认同会印记、欢迎和区分每一个刚出生的婴儿，并马上就用名字去确认。小男生得到一个男孩子的名字，小女孩的名字听起来就像女生。因而有许许多多的名字是我们可以响应或者否认的。最大的问题在于我们觉得自己是谁以及别人觉得我们是谁或者试着成为谁。他或她以为我是谁？这是一个很困扰人的问题，而且很难找到适当的答案。

我们扮演很多角色，当然，也尝试那些我们希望自己可以成为的角色，特别是在青少年探索期。服装和化妆有的时候可能有说服力，但是长期下来，只有一个真正的自我概念能让我们脚踏实地并且抬头挺胸，从那个角度看清楚我们在哪里、是谁、为何去做。

存在认同的困扰可能让你对自己或者很多人（甚至是对多数人），都成为一个谜。当年老时，你会对于地位和角色感到真正的不确定。你在自己老的时候，希望被怎么称呼呢？你可以多独立？比较中年的你，八十五岁时候的你是谁呢？相较于早年牢固的地位和目标，你现在的角色变得模糊不清。事实上，当早年的价值突然变得模糊和摇摇欲坠时，你会困惑这时自己到底应该扮演什么角色、站在什么位置。

爱：亲密与孤立

有亲密与爱的岁月是明亮而且充满温暖阳光的。爱与被爱带来成就与愉悦，拥有下一代是种快乐的富足，看他们成长并且有能力照顾自己，是多么美好且令人满足。

不是每一个人都能如此幸运和被祝福。孤独和绝望会打击那些没有办法实现这段时光的人。如果生命没有为老年人带来这些值得记忆和回味的时光，他们无疑会感到孤立和被冷落。如果年老时，少了这种能通过照片或故事唤起的妥善保存回忆，那么这些人也许会投身于艺术、文学、学术来弥补空缺。有些人快乐地全然献身于他们的工作、使命和创作。

处在第九阶段的人可能没有办法再像以前那样和他人联结。关心和接触他人的方法，会受到能力和依赖程度的局限。老年人可能更需要主动投入互动，因为别人可能不放心、不舒服，或者不确定如何“打开僵局”。别扭的是，因为不知道怎么和一个“不同于大家”的人互动，这或许会让很多老人失去可能的联系以及亲密的交流。更令人困惑的是，老人周围的社群可能会因环境而萎缩或者延伸，或者最起码是会经常变动的。

关怀：生产、繁衍与颓废、迟滞

生产、繁衍阶段在生命阶段表上维持最长的时间——三十年或甚至更久。在这段时间，一个人将自己奉献给工作，甚至开创了一个新的家庭，奉献时间与精力于这个健康而充满生产力的生命阶段。

在这段时间，工作和家庭关系带给一个人照顾的责任、更大范围的义务和责任、益处和表扬。当这一切以让人满意的方式凝聚起来，一切都会顺利和昌盛。这是一段充满活力、被关怀也关怀人的美好时光，围绕着最亲近与最亲爱的人。它充满了挑战，好的时候是刺激，但是苛刻和严格时则成为负担。一个人也可能参与社群以及相关的各种活动，这种卷入可能很泛滥，但绝不枯燥。

在这段高要求时期的尾声，一个人可能渴求抽离，但是只会失去亲密关系的激励或者被需要感。八十几岁或者九十几岁时，人的精力以及适应能力都会开始下降，无法快速应对周遭人群的忙碌节拍。老年人已经不再被期待生产、繁衍这个对于人生主要阶段的要求，这使老人不再需要承担照顾别人的任务。但是，不被需要却会使人感到无用。当没有挑战时，颓废、迟滞的感觉可能会取而代之。当然，有的人会很欢迎且视此为喘息的机会，但是如果一个人被抽离于生产、繁衍、创造及照顾他人之外，那要比死还糟糕。

智慧：统合与绝望和厌恶

我们对于“智慧”的最后定义，是看、观察并记忆，以及听、聆听和记忆的能力。我们强调统合需要机智、接触和触摸，这对于老年人来说是严格的要求。我们需要花一生去学习如何拥有机智，并且还要有耐心和技巧，但这很容易就会让人变得疲累而沮丧。对于九十几岁的老人来说，要找到放错位置的眼镜就已经是一个很大的挑战了。处于第九阶段的老人，通常没有智慧所要求的良好视力和听力，虽然我们会乐见助听器和眼睛手术所带来的进展。

面对和谐与不和谐，不和谐元素会随着时间而胜出：绝望就在“眼前”。第九阶段的绝望和附属于第八阶段的绝望稍有不同：第八阶段包括对生命的回顾，一个人在多大程度上怀念过去的美好、后悔错过的机会，都会影响厌恶和绝望的程度。就如同爱利克提醒我们的：“绝望代表来日无多的感受，时间太短而来不及重新开始，或者换条路……”[①]

八十几岁和九十几岁的时候，已经没有这种回顾绝望的奢侈。面对着失去能力和瓦解，几乎占去一个人所有的注意力。人的关注可能完全受限于对日常机能的顾虑，只够完成每一天的试炼，无论对过去的人生满不满意。当然，响应眼前和现实状况时的绝望，其实就是由早期自我和生命评价所构成的。

一位八十几岁或者九十几岁的人，也经历过许多失去，不管是远距离还是深刻而亲密的关系——父母、伴侣，甚至孩子。更难过的是被清楚宣告死亡之门已经不远。

当你在九十几岁或者更年长时，面对和活在这些挫折

---

① 《童年与社会》

和失去之中，你有一个坚强的支撑。我们在一开始的时候就有幸拥有基本信任，生命不可能没有它，我们也因它而活到今天。作为一个持续的力量，它用希望陪伴和激励我们。无论基本信任是什么或曾经是什么，无论希望曾被如何严厉挑战，它从未真正背弃我们，我们无法想象没有它的生命。如果你对于未来的恩典和启蒙仍充满存在力量和希望，你就有理由活下去。我相信老年人如果可以接受人生第九阶段的不和谐元素，便可能成功地迈向老年超验的路径。

就像爱利克常说的，要正确理解一个人的人生阶段，一定要考虑其身处的社会环境。个体和社会互相交织，动态地持续交互影响。爱利克说："缺乏文化上可行的理想老年期，我们的文明不算真的拥有整个人生的概念。"结果，我们的社会并不知道如何真正将老年人融入社会的主要模式，或是融入它的重要机能中。老年人非但没有被融合，反而往往被排除、遗忘或者忽略。老人似乎不再是智慧的象征，而是羞愧的存在。当我们认识到九十几岁的难处造成了社会的漠视，又因而加剧老年人的困难时，我们应该更仔细地考虑老人和社会间的互动。

第六章

老年和社群

老年人最快乐的事情之一，就是可以和孙子坦率地聊天。当我和克里斯托弗在一个艳阳天去捡蓝莓时，我们自豪于分工合作。他很有效率地清空够得到的树枝，我则忙着处理那上面的灌木丛。没有蓝莓逃得过我们的掌心，我们的篮子一下就满了。一阵子之后，我需要坐在石头上休息一下，但他可不用。他又继续了一会儿，然后挺直地站在我面前汇报重点。“奶奶，”他说，“你是旧的，我是新的。”这是一个不容挑战的宣言。

在我们国家，就像我们都知道的，无用的旧东西是要被丢掉的。然而，我们引进“回收”，延伸旧东西的实用性一阵子，保护过度承载的土地不要忍受太多垃圾。我们没有把老家伙丢掉，但也没有做什么去回收他们。如果我们能为老人提供更好的眼睛保健、眼镜、助听器、放大字体的书报杂志，会怎么样呢？所有的健康照护顾问都建议我们多运动，起码要维持规律的步行，以维持健康和运动能力。但是很少有城镇拥有安全步道和街道，好让老年人能缓慢而轻松地散步。你在这个国家的哪个城镇有看过行人椅，好让老年人在买完东西回去时，能有个地方喘口气或者休息一下吗？

当我的人生进入到名不符实的第八阶段和最后阶段时，我开始思考那些持续挑战我们的意外经验和发现。我们的社会对于老人的态度是很令人困惑的。当历史、人类学、宗教文献记载古代对于长寿老人的喝彩和尊敬时，这个国家对于老人的反应却通常是嘲笑、轻视、甚至反感。人们为老人提供帮助时，往往会因为缺乏尊重而伤害他们的自尊。老年人就像进入全然无趣的二度幼童期。当一个老人没有办法爬楼梯或健步如飞时，这个不幸等同于失去思考和记忆能力。接受这个宣判要比对抗容易。听障和视障者已经找到一些方法适应缺陷，同时维持有人权的生活，拥有自己的感觉、判断和步伐的隐私。他们受惠于专业机构的协助。

假设你知道自知才是真智慧，而且要打开自己的耳朵和眼睛，但是这些知识又怎么能为你准备面对最后的死亡之路而服务呢？我们的社会如何促进最后的人生阶段转化，并适应老年人的存在呢？现代社会的整体人口结构都开始老化，八十岁以上人口数前所未有。医药大幅延长了人类寿命，但是缺乏帮助老人融入我们社会的计划，也缺乏安排老人生活的远见和规划。

在这个国家，特别是拥挤的都市，当我们开始思考如何支持和照顾老人时，已经往前迈进了一大步。老人明显需要二十四小时的照护。有一些赡养院机构设置在都市范围内，但相当拥挤和吵闹，还有空气污染。有的机构试图在郊区找适合的房子，这是一个进步，但是这很明显是因为郊区土地多，比较便宜，很多方面都比较实际，且面积大比较适合仔细奠基和建造。很多机构的确有美丽的环境，还有细心计划的娱乐活动，以及绝佳的照顾和监督。有这些设施的地方，多半有美丽的树木和池塘，适合“住院者”散步的迷人小路。这些居所显然是为老年人的所有需求而设计，没有什么好辩论和批评的——除了价钱高昂，对于多数人来说都太昂贵。

一般来说，老人的居住设施越大，工作人员的分工和分层就越细。许多人必须整晚待命。假期太少和工作量过大，通常导致人员流动率高，而新人一开始则缺乏经验。因为大多数的工作人员住在这些设施之外，所以机构本身往往被一大片停车场围绕。卡车带来水和食物、办公室用品、衣服和娱乐设备；美发师定期造访，还有足部护理专家、牙医、美甲师、按摩师；厨房人员来了又走，服务的人员也是；清扫人员一大早就开始工作，为了接待“住院者”和访客。这样的设施就像是一个大饭店，每天有活动主管或者委员会所主持的活动，工作人员会定期举办安息日服务、特殊活动和节庆。也许“住院者”可以有机会表达对于特殊活动的希望和期待：宾果游戏往往极受欢迎。各种各样的活动和时间都用在照护和维护质量上，这么好的成效实在非常杰出和值得赞赏。

也有一些老人需要医生和护士。这些老人也许变得迟缓、感觉不安，或者短暂地感到无助。许多老人需要轮椅、助行器、拐杖；一些老人会大小便失禁；一些有消化问题；很多人骨头断裂而未痊愈。这是一个最脆弱的族群，任何或者所有意料之外的系统“机器”停摆，以及人员和被照顾人员的替换，都会威胁到他们的互动关系和每天的运作。

有件事完全错误：为什么一定要送我们这些老人去“人间所无”的偏远机构，只为了让我们在身体照护和舒适下度过余生？每一个人都会带着所有的快乐和悲伤逐渐年老，但是我们要如何从老人身上学习怎么预备生命终点的到来？这是我们都必须独自面对的事情，却没有榜样住在我们身边？一个解决方法是（也许只是一个梦想）每一个都市都要有一个公园——一个被守护得很好的公园，开放给所有人。在每一个公园中间是一所老人院，他们可以在公园里面与亲戚或者好朋友散步，或者推着轮椅。亲友们可以来拜访，坐一坐，在露台和阳台上聊天。我们可以跟他们说话，听他们的故事，学习他们还能传递的智慧。

我们已经度过第八阶段，多多少少也失去了一些朋友和亲人，不可避免地渐渐对自己的身体力量和能力感到失望。我们多半很少和活到九十几岁的朋友或亲戚保持密切联系，所以也没有办法分享他们在第九阶段的经验。

我们该如何计划和想象、如何配合这个未知的将来，使其丰富、有意义，而且尽可能精彩？我们应该注意什么样的成功老年故事，好提醒自己也这么做呢？也许九十岁以上的人应该聚在一起，比较新经验，做一些有趣的短期计划。他们也许应该分享一些不再受到年轻世界牵扯和吸引的好处以及满足感。

记得我曾在南欧的一些街道上，看到老男人坐在住家外面的长椅上，抽着烟斗，聊天开玩笑，看着世界运转。女人在屋子里面，也许在八卦，她们的语言不同于男人，虽然同样享受着精彩。在印度，听说年长智者通常住在洞穴里面，享受着年轻仰慕者和学生带来的营养品。孤独不会困扰他们，而探望则会带来尊敬、力量、价值感。

在北极荒野也发展出了适当的模式。当整个因纽特人族群要迁徙到远方，以寻找更好的打猎或者捕鱼之处时，他们会带上雪橇和狗以及足够的食物。他们不可能多作停留，寒冷非常严酷。如果老年人跟不上，他们必须准备一个雪屋——足以容纳一个人，他或她会住在那里，被留下来。这个老人会知道这可能是永别，而且也许希望这正是，毕竟冻死要比拖累和危及整个族群要好。无疑地，人们整个人生都在准备这个结局。理解此必要性后，老人们会得到庆祝和祝福，每个人都会尊敬这个场合和这位老人。在我们的文化中，社群可能没有足够的信仰和信任，奉献如此庄严和荣誉的庆祝过程。

我们对于最后的离别，似乎没有适当的文字、姿势、歌曲，或者态度，虽然我们都知道那首哀歌：

你必须走过那寂寞山谷

你必须自己走过

没有人能替你走过

你必须自己走过

我们非得这么枯燥和凄凉吗？那些动物和有情生物是怎么死的呢？再也不需要追求恐惧，我们难道不能准备好分享山谷里的一切吗？跑、爬、站、飞、舞，发出解放的声音，欢笑、大喊、歌唱，无惧且充满好奇，自由且升华。

过去一年，我有机会与一些老人相处并且观察他们。他们没有办法“参与”家庭生活，而需要照护设施的特别照顾和帮助。我发现他们连走路都有困难，即便有拐杖和助行器，他们还是只能用奇怪的姿势站着，要坐下来的时候更是危险。春天、韵律都已经离开他们的身体。跌倒受伤是长期的威胁，而要从地上站起来更是尴尬而沮丧的挑战。他们能面对这一切真是奇迹——这可以告诫那些正面临人生试炼和困难的年轻人：你们至少还是比较有优势的。

当每天的生活受限和重复时，这些“退休”和辞职的老人还能找到新鲜、刺激、快乐，或灵魂和知觉的滋养以维持生命吗？大自然的美丽和四季交替，不论大小，总是能带给我们惊喜和刺激。艺术总是扮演着重要的角色。美、歌曲，以及所有知觉的响应，总是存在而且可以被依赖、唤起、吸收。宗教团体为其成员以及求助者提供不变的协助。家庭尽他们的力量支持不间断的关系，尽可能地给老人提供协助和温暖。当距离阻碍了家人对长者的照顾时，老人院这样的组织会来救援那些提出需求的孤立老人。

我们会问：要怎么样与长者联结呢？我们要怎么表现出比平常更多的优雅和细腻，进行真心、情感和心灵的交流呢？我们实际上已经知道怎么做，但是不知道它真正的意思。当我们遇到一个真正烦人的问题时，有时候会把它交到那些更有知识的人“手上”，这正是理想的健康照护机构所提供的：双手、理解、能力、巧手，受过仔细的训练，并且对如何和那些难以表达需求者沟通深具经验。“在手上”——没有什么更能解释双手对于所有病人的重要性。在照顾和安慰那些感到被孤立和遗弃的病人时，有意识和细心地使用双手，可以使我们的生命更有意义。双手是生活的必要活力元素。

我相信如果退休老人可以接受定期按摩，即便不是每天，都会有惊人的提神和放松效果。我们必须注意维持性触摸——清洁卫生和处理时的触摸（例如，擦拭、搀扶、喂食），与沟通式触摸——人与人接触时的触摸（例如，按摩背和肩膀、握手）两者的差异。即便维持性触摸也可以带着尊重和人道关怀，让病人觉得自己是被当成一个人来对待，而不是一个需要被清洁和搬运的东西。

第七章

老年超验

在研究高龄者如何面对身体和精神机能的退化时，老年学者开始用“超验”形容一些老人所发展和维持的状态。让我引用拉斯·托姆斯丹和其在瑞典乌普萨拉大学的追随研究者，对于“老年超验”的定义：从我们的研究，以及其他人的理论和观察结果……我们认为人类在活到老年的过程中，包括了“老年超验”的普遍可能性。简单来说，“老年超验”是一种后设观点的提升，从物质和理性角度，到一个更为宇宙和超验的角度，这通常会带来更多对生活的满足。根据“宗教”的定义，老年超验理论不一定会被认为是宗教成长的理论。关于临终病人的研究发现一些病人拥有心灵的安详，这样的状态正接近我们对老年超验的概念。然而，他们并没有发现这种心境和宗教信仰或者宗教实践之间有任何关系。无论如何，病人有可能或者没有可能达到安详……如同荣格对于个体化过程的理论，老年超验被视为最后阶段的自然过程，走向成熟与智慧。它定义一个不同于老年学者试图投射给老年期的中年现实。依据这个理论，经历老年超验的人经验到一种与全世界灵性产生宇宙共融的新感受，时间、空间、生和死，以及自我都被重新定义。个体对于物质事物的兴趣可能也会减低，更需要独自“沉思”。[①]

这些理论家继续和许多老年学者的响应进行讨论，并加入佛家禅学和各种理论。

在所引用的报告中，解释老年超验者的经验为：

1.“一种与全世界灵性产生宇宙共融的新感受”，这是我引用自刘易斯·托马斯的《细胞的生命》。

2.也许对于每位九十岁以上的人来说，时间就代表着现在，或者下星期，在那之后的展望都是渺茫的。

3.空间缓慢地随着我们的体能范围而减少维度。

4.死亡是调谐的，万物皆是如此。

5.自我意识扩展而包括更广泛的相关他人。

“超验”是一个人们不愿意随意使用的词，因为它有特殊含义，带着神圣特殊的印记。依照字典，“超越”单纯代表“上升或者超过极限”，也代表“越过宇宙和时间”。

---

① 《老年超验：一个理论和实证的发现》，收录于《老年与宗教面向》。

“超验”将自己放在宗教的位置上，位居神圣之地而不容随便使用。这个词会被所有宗教使用一点也不令人意外，因为它代表一个超越所有人类智能的位置，表达所有真正信仰者的希望和期待。

研究早期的历史学家提出证据，显示老年人在东方如何因为毕生贡献和智慧判断而得到崇高的尊重。智慧长者因为离开社群生活、隐居山林和云游四海而受到尊崇。隐居也许孤独，但不会让他们失去自尊，而且很多人在退休多年后，还是能得到适当的照料。我听说世界上很多地方的宗教精神领袖，必须从过度繁忙的僧院和修道院抽身而去。

也许老年人唯有在隐私和孤独之处，方能安全地思索自身的存在状态。毕竟，一个人如何能平静地去接纳时间带给身心的改变？年轻时已经经历过速度和竞争，年老时则必须从匆忙和压力中解放。有的人早就学会，有的人则学得太晚。

这种“抽离”（刻意从每天的活动中抽身）是有意识的。这种态度并不代表缺乏参与；也许仍然持续参与，只是脱离了接触——如同爱利克说的，一种“深层涉入之非参与”。这种矛盾状态的确显露出超验的特质，是“从物质和理性角度的提升”。但是，因为蔑视生命和他人而导致抽离和隐居，并不是超验所经历的内心平静。

有能力选择抽离的人是幸运的。很多老人是被迫抽离的。眼睛、耳朵、牙齿、骨头等所有身体系统上的恶化，都造成老人减少了与他人和外在世界的接触；情绪和心理反应的消退，也抑制了一个人的接触范围；当然，有时我们的社会把老人放在几乎看不到和听不到的地方，更加剧了问题。选择和被迫抽离的区别，在养老院里非常明显。身体机能一旦丧失，病人马上会改变态度；而身体机能的明显进步，也会扭转抽离状态。面对被迫抽离时，比较不可能产生超验，虽然不能说完全不可能。

为了努力建构能对社会产生影响性的老年自我意识，我们的时间认同受到考验。我们的眼光投向一个美好的未来，以逃离现在的负累。一般的老年社会模式会鼓励放下，而不是寻找一个新的人生和角色——一个新的自我。推广这种虚伪的老年或者否认，会压制正常的发展。从成熟到死亡的正常心灵发展应该如何？难道不能放下妄想，勇敢地面对老化的自己？只是好像依然年轻或者看似年轻，不过是在演戏。我们很少鼓励谦虚的智慧，那才是无限而不可思议的坚强。

我们追求完美以及符合期待，就像是外行人躲避创意活动和在想象中“做爱”一样。

事实上，我们被要求越来越有人性；我们必须发现自由，以跨越世界加诸我们的限制，并力求实践。一开始我们只能是被赋予的我们，到了中年时，我们终于能靠自己的双腿站着，开始学习如何完成自己的生命。我们被要求去给予别人，所以当离开这个世界时，我们成为我们所给予的。从这个角度来看，死亡可以是我们最后的礼物。我们每天都这么相信，但借由活出我们的生命，而为我们所来之处创造一些合适的东西，这真的是不可能的吗？如同佛罗里达·麦克斯威尔曾提醒我们的，我们的所有职责也许在于理清和扩展自己，提升自己的意识质量。一个人一辈子的努力，会被要求归还到最终源头。

当老年学者用“老年超验”这个词的时候，多半没有解释得非常清楚。他们没有考虑到老年人身后所留下的那些报偿，也没有充分探索崭新和积极的精神礼物。也许他们只是太年轻。年迈的我仍然努力让那些听起来空灵的词更有活力，好让它们成为行为中的活跃部分。我发现如果将“超越”激发为“舞越”，会非常有生气，可以向心灵与肉体喊话，挑战它去超越我们世俗存在中不和谐、执着的部分，那会使我们感到有负担而无心于真正的成长和启发。

要达到“老年舞越”，就是要超越、超过、优于、前进、独立于世界和时间，包括超越所有的人类知识和经验。看在老天的分上！这些要怎么样才能达成？我相信唯有尽我们所能去做。超越并不只受限于抽离经验。在触摸时，我们和他人以及地球接触。舞越可以是恢复失去的技巧，包括游戏、活动、愉悦、歌曲，以及最重要的是纵身越过死亡的恐惧。一个充满信任的飞跃，开启了向未知迈进的步伐。很奇怪地，这些都需要我们有一种诚实和坚定的谦卑感。

这些是神奇的文字，让我们兴奋地参与其中。舞越——就是它，当然！而且它会舞动。它是一种艺术，它是活的，会唱歌，会创作音乐。我拥抱自己，因为真实在对我的灵魂耳语。难怪写作会这么困难。舞越唤起艺术的语言，没有其他的东西能够如此深邃而有意义地打动我们的心和灵魂。生命之舞可以带领我们去任何境界，用身体、心灵和灵魂的一切去制造和活动。我是如此感动，因为我越来越老而褴褛，但突然之间伟大的丰盛展现在我眼前，点亮我身体的每一个部分，延伸到每一处美丽。济慈必然在某处沉思而微笑：美即是真，真即是美——这就是你们在人间所知道、该知道的一切。

年老是一项特权，容许我们在回顾中重活并且反馈漫长人生。经过这些年，回顾的范围变得更广泛，感觉和行为都更真实而处于当下。有时，本来遥远的场面和经验，却近得令人迷惑，连在记忆中重活一次都过于震撼。当心念皆在回顾时，在第九阶段很自然会发现自己在攀爬一个陡峭山峰，上山路陡，在制高点可以迎接初升朝阳，但路上却狭窄且充满岩石和垃圾。然而每一步都值得，而且让我们又高了一点。拾步而上，不同的风景展现于眼前，天空和云朵以缓慢而优雅示人。

面对这么美好的路径，你仍然对这个让你能攀爬这座山的身体有义务，不论它到底要求什么。所以要考虑背上的背包，而在这之前，尽管年龄日增和体力自然衰退，仍然要持续保养身体机能。我相信在第九阶段时，人们必须减轻所拥有的，特别是那些需要监督和照顾的部分。如果你想要爬这座山，不论沉思是否召唤着你，旅途中一定要轻便而没有负担。成功需要一辈子的训练。失败和倒退时，很容易怪罪于地形、光线、风势。休息是必要的，但没有时间自怜自艾或者削弱决心；光线也是必需的，因为白天太短暂。半明半暗之际的歌曲是愉快的。黑暗带来解放，梦是亲近、宝贵而相当受到喜爱的。

当你在路途上，脸庞迎向朝阳，眼睛注意着易滑的松散石头，呼吸勉强维持节拍。你被迫慢下来，再次确认你的决定。你总是会感到和谐与不和谐的冲动，要继续前进或者退出，挣扎着想要控制并希望一切美好。你面临着挑战和测试：当你能关注和控制这样的压力，它便是成功的根基所在。每一步都是和谐主权和意志能力的试炼。